教える技術〈チーム編〉　　　后浪出版公司

带人的技术（团队篇）

不懂带人
你就自己
做到死

[日] 石田淳 著

李江英 译

海峡出版发行集团 ｜ 鹭江出版社

2016 年・厦门

前　言　一切成果都是行为的积累

"团队业绩的提升不如预期。"

"该如何做，才能组建一支每个成员能力都很高的团队呢？"

"作为一名领导，我不知道该如何做，才能提高团队整体的工作业绩……"

想必，大多数手里拿着这本书的人，都有这样的烦恼吧。

将性格、价值观、成长背景都不尽相同的一群人聚集成一个整体，明确部门、科室、团队的目标，确实不是一件易事。虽说如此，这并不是困难到只有"极少数优秀领导才能够做到"的事情。

为了达成目标，"希望将团队成员们的性格都改变成积极向上"，"希望团队成员的价值观改变成工作第一、工作优先"。如果作诸如此类的设想，那确实是极其困难的事情。甚至可以说，是不可能实现的。

可是，这样的事情，其实并不是领导的工作。

为什么我这样说呢？因为，所谓团队的成果，是由参与其中的人们的行为积累而成的。说到底，重要的是每个人的"行为"，这和团队成员的性格和价值观是没有关联的。

我再强调一遍：一切成果都是由行为积累而得来的。

要想跑完马拉松全程，必须得一步一步迈开腿前进，并且要持续好几个小时，才能达成目标。用制作料理来举例，切菜、搅拌、烧烤、烹炒、调味，将这些行为积累起来才能完成一道料理。

应用到商务场合也是同样的道理，如果没有公司每一名职员的每一个细小行为，这个社会什么成果也达成不了。仔细想想，这不是理所当然的嘛，但是出乎意料的是，没有意识到这一点的领导很多。

结果不尽如人意的时候，成果并不如想象的那般提高的时候，只要改变公司职员的行为，就能达到结果。

如果存在错误的行为，就将它改变成"理想的行为"。如果没有实行与成果挂钩的行为，就详细具体地教导，促进行为的执行。

只要理想的行为逐渐增多，结果必定会得到改善。

以制作料理为例，如果蔬菜大小不一、摆放不齐整、火候时猛时弱，就将"切菜不顾蔬菜的大小，太过随意"这一行为改变成"把蔬菜切成同样大小"。如果因为在烧烤前没有"预热平底锅"这一行为而使肉类的美味流失，那就教导他人"在烧烤之前先预热平底锅"。这样，再次挑战同一道料理的时候，理所当然会完成得更好。

就像这样，改变行为，结果也一定会跟着发生改变。

那么，在商务实践中，为了使下属能够持续做出"与成果挂钩的理想行为"，上司应该怎么办呢？

寻找这一问题的答案，正是我所提倡的"行为科学管理"的最大课题。

"理想的行为"不能持之以恒的原因有两个：

- 不知道"理想的行为"的做法
- 不知道持之以恒的方法

我曾在拙作《带人的技术》中具体介绍了让下属和后辈掌握上述两点的方法。

在此感谢企业界的管理人员和团队领导，以及教育界的相关人士以及正在培养孩子的父母们，感谢各界人士对拙作《带人的技术》给予大力支持。

自我担任日经BP主办的"科长私塾"讲师一职以来，有更多的机会与各类企业中的科长们交流。

在课堂上，很多人问我："拜《带人的技术》所赐，我知道了培养每一名下属的方法，可是我又该如何培养一支团队呢？"并且一旦有人提出这个问题，在场的其他科长无不表示关心。

于是，在这本《带人的技术》续篇里，我将焦点放在了团队和组织建设上，想就此回答大家的疑问。

做领导不需要领袖气质和天赋

我一直提倡"行为科学管理"，它是以科学地研究人类行为的行为分析学为基础的经济管理方法。而行为分析学的众多定律和法则，都是从数量庞大的实验结果中得来的"科学"成果。

众所周知，"科学"的一大特征是具有"再现性"。

例如，大家在小学理科课堂上都做过"在二氧化锰里加入过氧化氢"的实验，无论"何时、何人、何地"做这个实验，都必定会得出"产生氧气"的结果。这就是"再现性"。

又例如，科研人员发表了"根据这一实验，得出如下结果"的论文，但是其他科研人员按照他的步骤来进行实验，却得不出相同结果的话，这篇论文就会被认为不具备科学的"再现性"。

也就是说，按照科学的程序得出的定律，无论"何时、何人、何地"做，都能得出同样的结果。这也是行为科学管理和那些依赖个人能力的普通管理理论的决定性差别。

因此，本书介绍的方法，无论是刚踏上领导职位的人，还是不善言辞的人，都能够顺利掌握。自然而然，也就完全不需要你具备"领袖气质"和"出类拔萃的能力"。

"无论对谁都富有成效"指的就是，不仅仅局限于有教导手段的领导。

包括团队里擅长学习的成员，无论是哪种类型都能得出成效。

不论是宽松世代①，还是比自己年长的人，抑或是外国人，无论是男性还是女性……只要按照本书所讲的方法进行实践，都能在短时间内培养团队、使团队富有活力。

职场中的两种沟通方式

在上文介绍的"科长私塾"课堂上，还有另一个经常被问及的问题。那就是职场中的沟通。

在当今商务环境下，要面对短时间内的巨大变化、工作价值观迥异的下属，并且必须迅速、准确地拿出成果。因此，苦恼于职场沟通的领导也就越来越多。调查显示，八成以上的上司苦恼于不知如何与下属沟通。

"那么，你们认为该怎么做才能形成良好的沟通呢？"我对科长们提出了这样的问题。大家也有各不相同的回答："这真不好办啊"、"对待下属，不说些灵活的话可不行啊……"、"也许进行愉快的对话很重

---

① 宽松世代，日语原文是"ゆとり世代"，是指日本1987年之后出生的一代人。这代人就学时期主要受到2002年开始推行的"宽松教育"的影响。宽松教育旨在培养学生的思维能力和知识运用能力，但是教育大纲将学生必须掌握的内容减少了三成，统一实行五日制学校周，减轻了学生的负担。——译者注

要……"等。

沟通是个非常抽象的词汇，也难怪大家有种种考虑却不得真相。

然而在职场上，必要的沟通实际上很简单，只有两种。

一种是为了做出工作成果的沟通。

通过达成各个成员的目标和团队的目标，进而达成公司的目标，与此直接挂钩的"与成果直接关联的沟通"，具体包含报告、联络、商谈[①]、开会、上司给予下属的评价和建议等。

举个例子，为了使报告、联络、商谈成为的的确确与成果挂钩的工具，领导该如何下达指示，如何倾听下属的报告、联络、商谈，又该如何提供反馈呢？

为了使往常的会议成为与成果直接关联的会议，该如何设定会议、推进会议呢？

该如何对下属评价、反馈和建议，才能对达成目标有成效？

职场中必备的第二种沟通方式，是为了构筑（保持）信赖关系的沟通。

这种沟通方式是一种"团队内部的沟通"，它使得前述"与成果直接关联的沟通"顺利进行，同时为构筑信赖关系提供基础，并使这种信赖关系得以保持。

团队内部沟通顺利地确立了相互间的信赖关系，对于工作的助益将不胜枚举，尤其是以下几条最为显著：

- 下属对上司产生信赖感，将有助于提高行为科学管理中最为重要的"表扬、认可、支持部下持之以恒地采取理想行为"这一过程的效果。

---

① 日文原文是"報連相"，是日企专门用语，表示及时报告、及时联络、及时商量的工作模式。——译者注

- 实现信息共享，并使得信息错报和"坏消息上报不到领导那里"的现象锐减。
- 让职场充满活力，在工作中营造轻松愉快的氛围。

这些结果都着实能够提升团队的成果。

迄今为止，对于不同类型的沟通，大家都模棱两可地使用"沟通"一词。从今天开始，就请试着在职场上运用以上两种沟通方式吧。

即使是不善言辞的人，即使与属下"气场不合"，运用本书介绍的团队管理方法，也能够轻松实践。

如果同时强化两种沟通方式，你所带领的团队，实力将得到惊人的提升。

本书与拙作《带人的技术》一样，介绍的都是立马能应用于工作实践的方法，无论从哪一页开始，都能顺畅地阅读。同时，本书还收录了上一本《带人的技术》中相关的部分，请将这部分内容作为参考。

当然，你没有必要立即实践书中所有的内容。可以先从平时在意的问题开始，一点点地消化吸收。每实践一项新的行为，想必都会产生成就感。这样日积月累，最终建立起自信心。在此基础上，再采用更高级的行为，找到适合自己的管理模式即可。

本书从某种意义上来说，是成为成功管理者的第一步。

读完本书后，如果还是对如何培养团队以及保持团队活力持有疑问，或者感觉处于瓶颈期，请一定再次翻阅本书。相信你一定会有所启示，并找到解决的方法。

我衷心地祝愿，各位的团队更加出色、不断进步，以及作为领导的你，能够愉悦地体会到培养人才的乐趣。

日本行为科学管理研究所所长　石田淳

引　言　什么样的领导和团队需要本书

提到职场中的领导和领导职权，回避不了的一个问题就是：领导和管理人的区别在哪里？

将这两个英语词汇[①]直译的话，领导是"进行统率的人"，管理人是"进行管理的人"，两者完全不同。

可是，"为了达成目标，制定战略、发挥团队每一名成员的最大实力、扎扎实实拿出成果"是领导和管理人的共同使命。

在此基础上，虽然领导谋求的大多是长期战略方针和革新挑战等，而我所重视的是"下属的信赖"。如果没有来自于下属的信赖，不走寻常路的领导就没有"追随者"（下属）了。

那么，什么样的上司能够深受下属信赖呢？本书将会作详细说明。对下属而言，值得信赖的上司应具备两个绝对条件：一是洞悉下属，掌握下属的优缺点；二是认可下属的存在，期盼下属成长。

"自己是个失败者……"、"可能难度太高了……"，也许有人会有这样的感受。但是阅读完本书，你就会明白，要达到这样的条件绝不困难，不论是谁都能立即实践。

[①]　在日语中，领导和管理人都是外来语，均来源于英语。领导一词，日文为"リーダー"，来源于英语leader；管理人一词，日文为"マネージャー"，来源于英语manager。——译者注

另一方面，作为领导，你的目标团队究竟是怎样的？

关于团队结构和使团队富有活力的方法，本书重中之重讲的，是团队成员对理想行为的"自主比率"。简单来说，就是通过提高"自主行动的热情"来提高成果。

即使是完成同样内容的工作，想着"其实我不想干这样的工作，但是不工作就无法生活，而且，工作偷懒的话还会被上司责骂"，以这样不得不做（have to do）的状态去工作，与发现工作的价值和喜悦，以想做（want to do）的状态去工作相比，成果将会相差四倍。

以孩子学习为例，各位大概就会明白了。父母对孩子发怒："快去学习！"孩子学习的目标就会变成免于父母的责骂，而不是为了拿出成绩，这就是不得不做（have to）的状态。这时孩子为了免于责骂只进行最低限度的学习，所以自然成绩上不去。

在工作上也是同样的道理。如果是"Have to"的状态，那么下属关注的就不是业务目标，而是上司的脸色。不是怎么做才能拿出成果，而是思考为了不惹上司生气该怎么办才好。如此一来，工作业绩是不可能提高的。

所以，身为上司，目标应该是将受逼迫感支配着的"have to"团队，转变成自主积极工作的"want to"团队。

也许有人会认为，要将"have to"转变成"want to"，改变人的性格难道不是件很困难的事情吗？

我认为，在行为科学管理中，为了将"have to"转变成"want to"，要做的不是改变人的性格和思考方式，而是提高"行为的自主比率"。

因为人类有着共通的行为原理，只要灵活运用这个原理，就有可能提高"行为的自主比率"。

这样，"have to"团队就能够转变为"want to"团队。

为了做到这一点，关键是领导要对下属采取的"理想行为"给予肯定的评价。无论是谁，自己的行为被人（特别是自己信赖的上司）认可的话，接下来就会自发地采取这种行为。

反之，人们不会继续"不被认可的行为"。

因此，本书介绍的内容包括在制造并保持"因为自主行为被人正面评价，所以工作很愉快"的"want to"氛围的基础上与下属的沟通，以及使"报告、联络、商谈"和"会议"变得更加顺畅的启示。

本书里还介绍了使下属的"理想行为"稳定下来的"短会"、使团队富有活力且具有实效的"感谢卡"等，以及灵活应用行为科学管理理论的方法。

对拿不出成果的下属，不要怒喝"好好干！""让我看到你的干劲！"而要根据希望得出的成果推断应该做出的行为，并转化为具体的形态来教导下属。然后，为了使下属持之以恒地采取理想行为，对他们进行表扬、评价。

这才是领导为了提高成果、为了下属成长应该做的重要工作。

目 录

前　言　一切成果都是行为的积累　1
引　言　什么样的领导和团队需要本书　7

第1章　提高成果应该做的事情　001

01　使现有团队成员拿出最大成果　003
02　成为"被信赖的上司"很简单　006
03　养成发现团队成员优点的习惯　011
04　领导不等于权力掌握者　014

第2章　行为科学管理思考方式的基础　017

05　不必在意和下属"气场不合"　019
06　集中于行为要点，沟通并不难　022
07　表扬和认可，最终是为了行为　024
08　与团队成员搭话，量比质重要　027

第3章　领导的倾听技巧和说话技巧　031

09　领导应该拥有的倾听技巧　033

10 区分不同语言行为是掌握倾听技巧的关键　035

11 营造倾听的环境　037

12 偶尔也要谈些私事　041

13 了解下属工作的理由　044

14 酒桌交流术　046

15 如何与比自己年长的下属相处　048

第 4 章　召开短会的积极作用　051

16 普通审查式面谈的缺点　053

17 召开短会可以稳定行为　055

18 工作忙碌，你需要每月召开两次短会　058

19 让短会发挥其意义的诀窍　061

20 表达的顺序　064

21 对下属理当做到的事也要明确认可　065

22 召开会议鼓舞下属　067

23 让下属接受不擅长的工作，而不是命令和恳请　069

第 5 章　正确地报告、联络、商谈　073

24 对下属而言，报告、联络、商谈是否是惩罚游戏？　075

25 报告、联络、商谈的意义何在？　077

26 下达的指示正确吗？　080

27 述说工作全貌和公司愿景　083

28 让下属能轻松向自己汇报坏消息　085

29 将"日报"与成果挂钩　088

30 应对宽松世代，指示要彻底具体　091

31 应对宽松世代，对报告、联络、商谈要当即予以表扬　094

第6章 创造充满愉悦氛围的职场环境　097

32　触发团队工作氛围的整体薪酬回报　099
33　整体薪酬回报的六大要素　101
34　用感谢卡巧妙表达出心意　105
35　活用社交网站，"强化"彼此的行为　108

第7章 使团队富有活力的技术　111

36　注意不和谐的声音，以及相关的"不公平感"　113
37　进行公开交流　115
38　不要为了工作成果，让团队成员相互竞争　117
39　相互教导的风气使团队成长　119
40　用这些方法强化部下"当众讲话的行为"　121

第8章 为了得出结果而召开的会议　125

41　仅仅召开会议还不满足？　127
42　分解并整理会议　129
43　类型1　上意下达型会议的要点　134
44　类型2　自下而上型会议的要点　136
45　类型3　全员参与型会议的要点　138

最后想说的话　能自我管理的人，才是真正的领导　140

结　语　143

出版后记　146

提高成果应该
做的事情

CHAPTER 1

01 使现有团队成员拿出最大成果

在顾客需求多样化，业务不断升级、复杂化的现代商业中，以团队形式努力是个大前提。

过去，在经济高速发展期常用团队和团队协作这样的词语，它们体现的是"全员关系良好"、"保持协调性"这一概念，所以当时团队的地位和要求，与现如今有很大差别。

那么，团队究竟是什么呢？

援引国内外词典的数个解释，可以概括为："为达到特定的目的，齐心协力行动的团体，其成员通常在两人以上。"

团队不单单是团体，而是为达成特定目的或目标而组织起来的团体。这种思考方式在商业领域自不必说，它也适用于体育等领域。

身为领导的任务就是整合团队，引导团队达成目标。

首先要提炼战略，在此基础上制定作战计划、下达指示，推动团队成员自主工作，并给予新人成长的机会。无论是运动队的体育教练，还是商业上的领导，要求的领导技术都存在很多共通点。

但是，也存在不同点。在大多数情况下，职业运动队的成员人数往往都有富余，体育教练可以在每场比赛中选择首发队员。王牌队员状态不好的时候，能够让替补选手上场。

而在商业实践中，很多企业推进裁员，不可能存在人员富余的情况。现有的团队成员就是全部成员。以此为班底，考虑如何拿出成果。

提高现有团队成员的成果，就是你应该做的事情。

意大利经济学家维弗雷多·帕累托（Vilfredo Pareto）提出"二八定律"这一经验定律，在此基础上派生出了新的结论，即整个社会约80%的所得是由约20%的高收入者生产的。无论哪个组织，其销售额中的大部分也是由占全体成员约两成的高能力员工生产的。

当然，这一结论并不完全适用于一切组织。但是在统计学上，组织的这种倾向是被认可的。

若是想提高团队的综合实力，领导必须要全力动员的，不仅仅是公司中居于前列的那两成优秀职员，也要让剩余的那八成普通的职员发挥力量。

用学校的班级考试成绩来举例，你就会明白了。与其让班级中平时考试得85分到90分的两成优秀学生再提高10分，倒不如让只得40分到50分的八成普通学生在考试中提高10分。这样，班级整体的平均分也会高出很多。

公司中居于前列的两成优秀职员，由于持续地提高成果，经常被上司及周围的人予以较高评价。与此相对，剩下的八成普通职员，虽然努力了却没有收获，所以被人评价的机会很少。

行为科学管理对这八成"普通的公司职员"的成长极具效果。它不是针对工作结果，而是着眼工作中的行为，它能够在短时间内实实在在地提高成果。

如果行为科学管理能够提高这八成公司职员的水平，团队的综合实力也必定会得以提高。

■ 二八定律

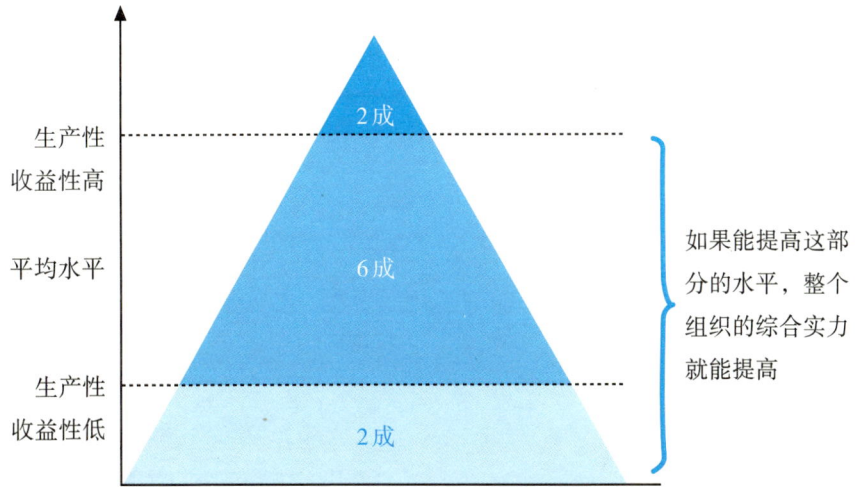

02 成为"被信赖的上司"很简单

了解更多内容，请参阅《带人的技术》 31 32 38

为了提高成果，重要的是持续实行与成果挂钩的理想行为。

这里，难就难在持续实行。

举个例子，就像健康的习惯和学习语言那样，虽然想着"一定得持续下去才行"，实际上却很难坚持，想必很多人都有过这样的经验或正处于这种情况中吧。

行为科学管理为了使这一"持续"能够实现，采用了"强化"的手法。

这里的"强化"是指利用人类的行为原理，构造出"自己采取行为之后产生某种价值，于是自发性地反复这种行为"这一结果。讲得通俗一点就是对理想行为给予奖赏。

那么，下属采取"理想行为"的时候，给予什么样的奖赏最合适呢？

答案是，表扬和认可。

一旦下属采取了理想行为，上司马上就对其认可和表扬，"强化"

这种行为。这样的话，他本人继续"理想行为"的几率就会飞升，这又与下属的成长和成果挂钩。

值得注意的一点是，并非所有人的表扬都能得到完全相同的效果。

当然，无论是谁来表扬，都能起到"强化""理想行为"的效果。

但是，如同在上一本《带人的技术》里写到的，如果进行表扬和认可的人是信赖的上司，效果将格外好。而且，信赖上司的下属不仅会一心努力，"希望被表扬，希望被认可"，还能渐渐听取来自上司的指导和建议。

那么，"被信赖的上司"是怎样一位人物呢？

胸怀宽广的人？具有领袖气质的人？气宇轩昂的人？都不是。暂且不说提出这些看法的人各自偏好不同，在组织里要成为全部工作人员都"信赖的上司"，必须达到如下的条件：

- 洞悉下属，掌握下属优点和缺点
- 认可下属，期盼下属成长

我认为优秀的上司应该具备这两点。

所以，对于社会热议话题中的"理想的上司形象"和成为具有领袖气质的上司这些事，都不必介怀。只要集中精力，认真把握每一名下属就好。

这样的事情，谁都能立即做到。

为了达到这些条件，从今天开始，请务必做到以下两点。

第一，分别对所有下属写下两条优点和工作评价。

有人可能会觉得，"缺点的话，能想到很多条，而优点却……"但是，需要写的是："他很擅长某某方面"，"她最近能够做到某某事情了"。如果无法捕捉到下属的这些优点，却下达指导和指示，在这种状况下管理团队是一件非常荒谬的事情。

掌握了每名下属的优点和强项，自然就能改变对下属的说话方式，倾听下属话语的时候着眼的内容也会发生改变。

第二，寒暄的时候，要称呼下属的姓名。比如："早上好，某某！""某某君，辛苦了！"

通过表扬、认可下属的"行为"来进行管理，最基本的一条就是"认可存在本身"。寒暄时称呼下属的姓名就是对下属存在的认可。

"能和你一起工作很开心啊！""谢谢你今天也来公司工作。"这样想着，同时称呼着名字寒暄。

虽说这是微小的事情，日积月累，最终关系到下属对你的信赖感。

在行为科学管理中，虽然表扬和认可在管理中非常重要，但是偶尔的批评和指摘也是必要的。当下属做出"不理想的行为"时，必须制止和修正。

如果你平时就是下属信赖的上司，即使下属被批评、被指摘，他也会乐观积极地接受，并认为："这是为了我的成长才说的呀！"

以名人为例的理想社长和上司

- 理想的社长（摘录前三位）

排名	人物	%
1	田森（森田一义）①	23.5
2	所乔治（芳贺隆之）②	16
3	史蒂夫·乔布斯	16

- 理想的上司（摘录前三位）

排名	人物	%
1	天海佑希③	23.0
2	堺雅人④	21.5
3	阿部宽⑤	21.0

---

① 田森：艺名为tamori，本名森田一义，是日本搞笑艺人、广播电视节目主持人、演员、歌手、作词人、实业家。——译者注

② 所乔治：为艺名，本名芳贺隆之，是日本喜剧演员、配音演员、漫画家、主持人、歌手、作曲家——译者注

③ 天海佑希：日本著名女演员，塑造的角色多为刚强、自信、坚定的职业女性形象。代表作品有《女王的教室》《顶级播音员》《离婚女律师》《女人四十》《BOSS》等。——译者注

④ 堺雅人：日本著名演员，近年来主演了《胜者即是正义》和《半泽直树》等热门职场剧。——译者注

⑤ 阿部宽：日本著名演员、模特。——译者注

■ 新进职员希望的理想上司是怎样的？

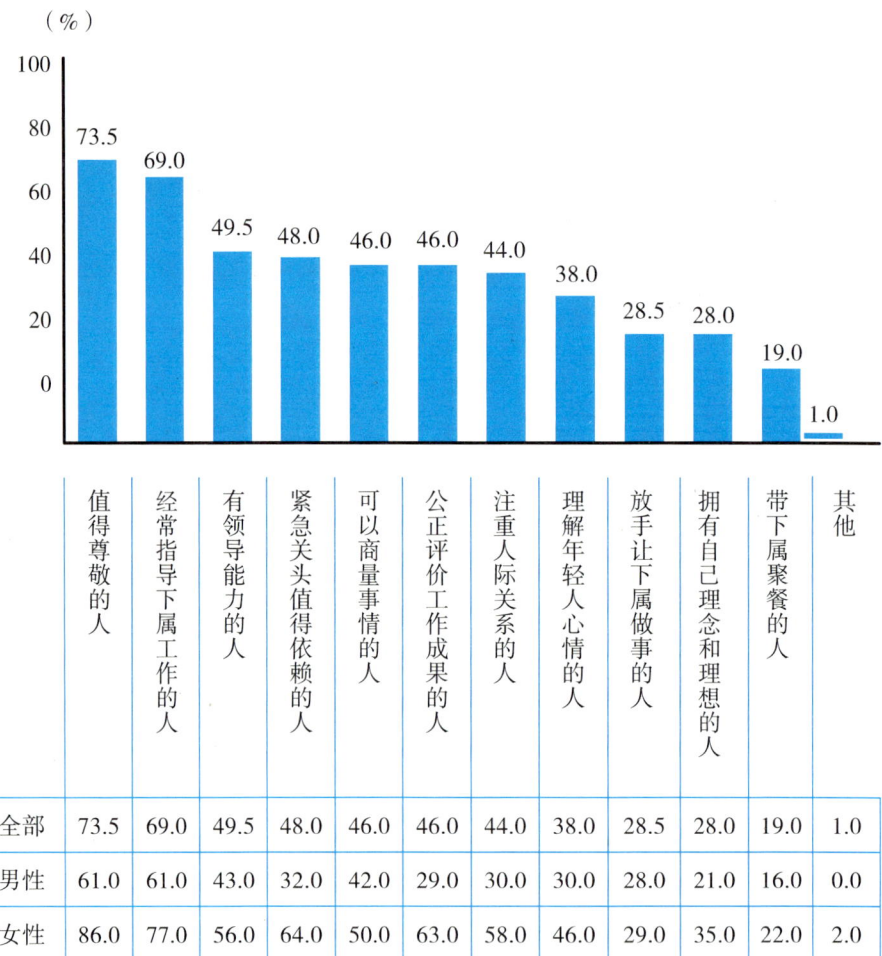

	值得尊敬的人	经常指导下属工作的人	有领导能力的人	紧急关头值得依赖的人	可以商量事情的人	公正评价工作成果的人	注重人际关系的人	理解年轻人心情的人	放手让下属做事的人	拥有自己理念和理想的人	带下属聚餐的人	其他
全部	73.5	69.0	49.5	48.0	46.0	46.0	44.0	38.0	28.5	28.0	19.0	1.0
男性	61.0	61.0	43.0	32.0	42.0	29.0	30.0	30.0	28.0	21.0	16.0	0.0
女性	86.0	77.0	56.0	64.0	50.0	63.0	58.0	46.0	29.0	35.0	22.0	2.0

资料来源：图文来自明路调查公司，调查时间为2014年5月10~12日（网上新入职员200名）

总体来看，"值得尊敬的人"占74%，"经常指导下属工作的人"占69%

03 养成发现团队成员优点的习惯

我曾经对参加研讨会和研修班的人布置过课后作业："试着把你能想到的下属的优缺点全部写下来。"

结果有人满脸自豪地说："下属的缺点我写了10条哟。"

关于下属的缺点，大体上人们都能流畅顺利地写出来。但是关于下属的优点，却抱着胳膊，"唔……"地思索着。

实际上，这也是没有办法的事情。因为不知不觉看到他人的缺点，是人类的习性。

举个更甚的例子，养育儿女的父母。

当孩子还是婴儿的时候，父母的注意力只集中在自己孩子身上。在这种情况下，觉得孩子"这也学会了，那也学会了"，"我们家孩子多么可爱啊！"但是，进了托儿所和幼儿园之后，与周围的孩子有了比较，就开始觉察到孩子的缺点，"和其他孩子相比，动作有些迟缓"，"别人家的孩子都已经会认字了，我们家孩子还对文字没兴趣"。

恐怕为人父母，为了保护和培育自己的孩子，都想要尽可能地避开自己孩子比他人落后的风险。正是这份心思，促使父母发现孩子的缺点。

身为领导也会有这种感觉,正是这样才会有强调缺点的习惯吧。

尽管有必要注意下属的优点,但是大多数领导仍然习惯于只观察缺点。这样就必须下意识地养成"观察下属优点"这种行为的习惯。

例如,每周利用一天时间挑选某一名下属进行观察,找出该名下属的一个优点,并在笔记本上记下来。

把这一行为持续下去,就会因为观察的情况不同,使得每个被观察的下属其优点数目有多有少,出现偏倚。这种情况下,就重点观察优点数目较少的下属吧。

通过这种行为,养成寻找下属优点的习惯,不仅能使团队富有生机,还能进一步拉近与下属的关系。

■ 把下属的优点记在笔记本上

A君：
- 主动搭话正在犯难的同事问道："需要帮忙吗？"

7月1日

B君：
- 捡起了掉在地板上的垃圾

7月3日

……

通过这种方式一定会有新发现！

04 领导不等于权力掌握者

考虑到职场中的沟通,我希望大家将下面这句话记在心上:

领导不等于权力掌握者。

偶尔会发现有些人一旦当上了领导,就错以为自己"掌握了权力"、"变得了不起"。

他们尽想着"下属招之即来,挥之即去。他们会按我想要的那样去做"。会命令下属:"把工作进展全部详细地向我汇报,我会作整体的判断。"在会议上也净作些单方面的发言。

即使是说"去喝一杯!"与团队成员在小酒馆聚会,也是喋喋不休地说着"我的想法是这样的","听从我的想法"。

这种情况下,团队成员不仅无法发挥最好的状态来取得优异的工作业绩,甚至都无法达成团队目标,更不要说促进下属成长了。说到底,待在这样的团队里,无论是谁都不想工作下去吧。

就如同这个例子里领导处于比团队成员更高的地位,不知为何,持有这种想法的领导很多。

所谓领导,充其量只是一种职务。有些人是跑业务的,职务是跟客户签订新的合同，也有些人是为公司业务做支持工作的。作为领导，不过是主管这些业务罢了。

当然，有时候上意下达也是很有必要的。

若是短时间内必须行动的紧急事务，领导下达指示说："请你去做这件事。""你去做这件事吧！"下属就必须不由分说地听命于领导。

但是平时要尽可能地以建立一个平和的组织为目标。

像这样，创造一个使所有团队成员就都能够自发地埋头于工作（变得想埋头于工作）的和谐环境，就能够顺利地使团队更加富有活力。

CHAPTER 2

行为科学管理思考方式的基础

05　不必在意和下属"气场不合"

有些上司在谈论与下属的沟通问题时，必然要提及"气场"问题。

"不知怎的，我和A君就是合不来。"

"他脑子里到底在想些什么，我完全理解不了。"

"该怎么做，才能气场相合啊……"

请恕我直言，领导和下属间气场相合这件事，并不在你的工作范围之内。

更进一步来讲，喜欢或讨厌某个下属，对于具有专业精神的领导亲自率领组织这件事，是毫无影响的。

而且，即便是领导，并非理所当然就能够轻易地了解旁人的心情。没有必要为这件事而忧虑发愁。

与下属间的关系，你该做的，归根结底不过只有两件事。

那就是"支持下属，使他在工作上拿出成果"，以及"通过工作，促使下属成长"。

"话虽如此，该怎样对待那些我不擅长应付的下属呢？"

这种不擅长应付的思想，是源自于"感情"。

对照行为科学管理的基本理念来看，"工作成果是行为日积月累的结果"。而且，下属只是工作上的伙伴，你应该关注的不是"感情"，而是"行为"。

你只要仔细观察，这名下属是否在任何涉及工作的行为上都十分优秀。

"虽然不知怎的就认定他是干不好工作的家伙，可是他做的策划案却极其具有说服力啊！"

"虽然他可能笨嘴拙舌的，但是他写的报告书和报告邮件，用到的总结归纳方法很令人惊叹！"

像这样发现下属的优秀行为，这名下属就会在你的心中从"不擅长应付的对象"变成"重要的团队成员"，并且想让他成长起来，成为不可替代的人才。

■ 观察对方时把焦点放在行为上

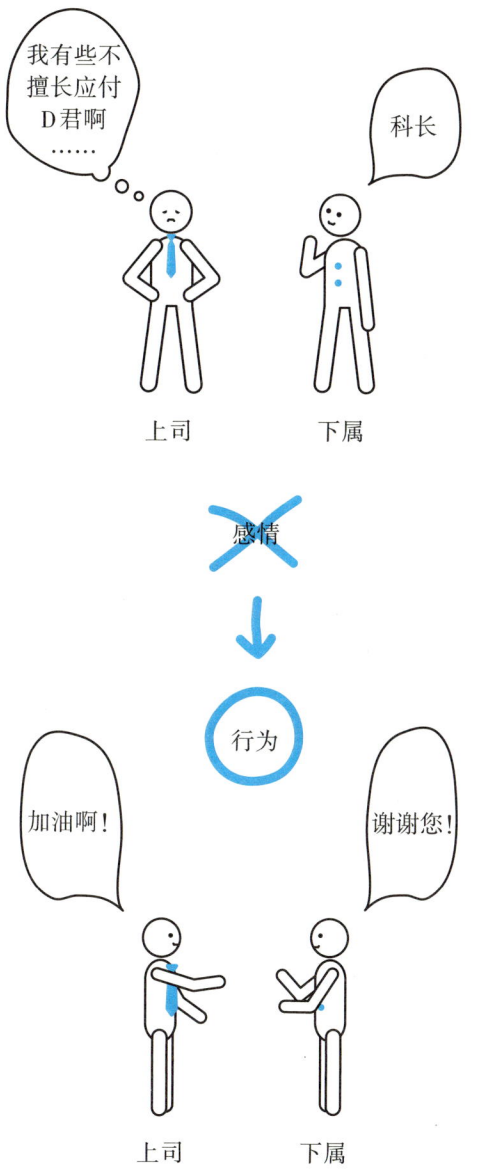

06 集中于行为要点，沟通并不难

了解更多内容，请参阅《带人的技术》 02

有不少人尽管作为团队的一员时非常优秀，一旦成为管理人和领导，却在教导下属方面陷入僵局。

在这些人当中，尤其是以前从事技术工种的，以及在专业色彩浓重的部门从事专职工作的人占了大部分。

他们中的许多人都会这样讲：

"因为我实在是不擅长和下属沟通，所以不能在工作上拉下属一把。""因为我不善言辞的缘故，无法让下属心服口服。""因为下属用自己独有的方法干活，所以我教不了他什么。"

可见，他们是认定了"能说会道"、"会说具有说服力的话"才表明具备了"优异的沟通能力"。

但是，在商业领域，重要的是"直接关系到成果的沟通"。

而且，因为工作的成果是"行为的积累"，所以在这里需要着眼的是"行为"。

无论是滔滔不绝口若悬河地说,还是大声地具有领袖气质地"讲述",都是没有必要的。你所要做的是能够用具体的话语对下属下达指示,让下属采取"行为",做出"与成果挂钩的理想行为"。

比方说,对待业绩不佳的下属,不仅仅是用"拿出干劲来!""你一定能行的!"这样轻巧的语言来鼓舞下属发挥工作原动力。而是要对下属下达指示,以及指导下属为了达成目标必须采取的行为。

"这样的交付期限是办不到的。"若是下属这样顶撞,你要做的不是热情地劝解,重燃对方的斗志毅力,而是要和下属一起探寻能赶得上交付期限的行为。如果实在是无论如何也不可能赶得上,就指示下属接下来需要采取的行为。

在这种情形下,是不需要流畅的语言和机敏灵活的说辞的。

07 表扬和认可,最终是为了行为

表扬和认可作为管理方法已经被广为接受,但是近来,这一方法在使用中却遭到不少误用。

特别是当对方是异性或是下属,与自己年纪相差甚多的情况下尤为显著。因为想着"总而言之,表扬对方是很重要的",于是产生了诸如"眼镜不错啊!""你换发型了?很适合你哟!"之类,净是表扬外貌。

偶尔为之,下属兴许会感到"上司仔细注意到我了呢!"但是总是这样对外貌方面进行表扬的话,就会起到完全相反的作用。

无论在什么情形下,应该放在优先地位的必然是"行为"。

当部下采取直接关系到工作成果的"理想行为"时,领导马上对其进行表扬是行为科学管理中最基本的方法。

因此,请务必将这种表扬的方法付诸实践。打个比方,"某某打起招呼来,总是那么爽朗,令人心旷神怡","谢谢你帮我整理备件,现在使用起来方便很多","你在网上查资料速度真快,真厉害。下次也教教我诀窍吧"。就像这样来认可、表扬你下属的优秀行为吧!

对下属而言,比起夸赞他的眼镜和发型,这样的表扬更能使他们高兴，也更能增进他们的工作意愿。

即使羞于表扬他人，一旦表扬对象采取了"理想行为"，领导也会表扬下属的吧。

科长与下属间的认知差异

[对科长的提问]
对批评下属一事怎么看？

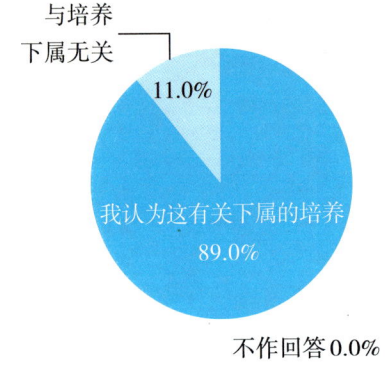

与培养下属无关 11.0%
我认为这有关下属的培养 89.0%
不作回答 0.0%

[对普通公司职员的提问]
对于被上司批评一事怎么想？

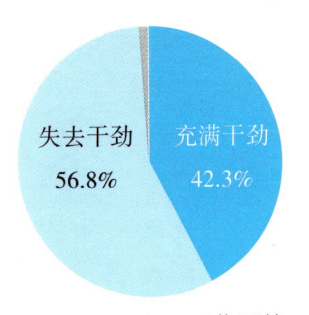

失去干劲 56.8%
充满干劲 42.3%
不作回答 1.1%

科长认为批评下属是为了培养下属。而另一方面，半数以上的普通公司职员却回答这会使他们失去干劲

[对科长的提问]
你会表扬下属吗？

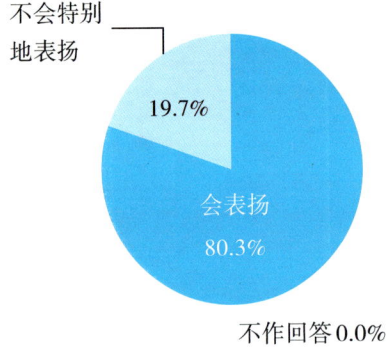

不会特别地表扬 19.7%
会表扬 80.3%
不作回答 0.0%

[对普通公司职员的提问]
上司会表扬你吗？

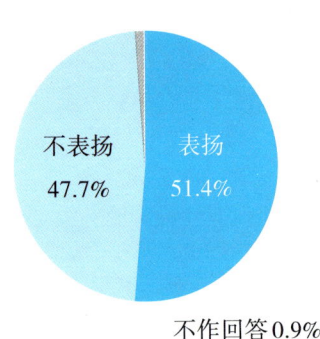

不表扬 47.7%
表扬 51.4%
不作回答 0.9%

虽然上司有"表扬"下属的打算，但是却没有顺利传达给下属

资料来源：选自公益财团法人日本生产总部《有关职场的沟通问卷调查》
调查时间为2012年6月—2013年3月（参与调查科长人数为300人，普通公司职员人数为539人）

08 与团队成员搭话，量比质重要

了解更多内容，请参阅《带人的技术》 06

与团队成员建立信赖关系，上司有什么简单可行的实践方法可以使用呢？

那就是经常与下属搭话。搭话的内容无论什么都可以。但不管怎样，要面对面看着对方，和对方说话。

有人会说："这样的事情，我已然做得很多了啊。"也有人会表示："我可能不怎么这样做……"实际上是否做到与下属经常搭话，你也只不过是凭感觉判断的。

在行为科学管理中，这种时候就需要累计"行为的次数"了。

在笔记本上写下团队全体成员的名字，做一个全员一览表。早晨向下属说声"早上好！"就算一次，要在表格上写下"正"字的一笔。

对跑外勤归来的下属说声"辛苦了"，再写上正字的一笔。在电梯里关心地询问下属"你家孩子的感冒治好了吗？"还写上正字的一笔。

当然，说到工作的事情，也要写上正字的一笔。

持续几天之后，就能知道与下属搭话次数上的偏倚了。

无论是谁，都有容易搭话的对象和不容易搭话的对象，如果不去特别关注，就自然而然地会产生偏倚。

而且，不可思议的是，与某些对象的沟通次数较少，并非是因为讨厌对方。这是我通过调查各种各样上司的叙述话语了解到的。

不管怎么说，既然我们知道存在这样的偏倚，接下来该做的事情就明朗了。那就是多和搭话次数少的下属接触。

"早上好！""你在努力啊！""工作上有没有遇到什么困难啊？"等。没有人会讨厌被上司这样搭话。

当然，要注意不要对他人的个人隐私刨根问底。

由于频繁地与下属搭话，下属会强烈地意识到上司很关心自己、"上司认可我的存在"，最终会产生"不管发生什么事情，只要和这位上司商量就好"的安心感和信赖感。

近些年来，不论是哪个领域，不断上升的离职率都是个严峻的问题。有人做了问卷调查，向辞职的人询问辞职原因。大部分的人选择的原因中有一条就是"和上司沟通不足"。

虽然决定离职的原因还有很多，但是毫无疑问，平日的搭话肯定会对下属离职有缓和的功效。

而且，有实例表明，沟通的数量和工作成果存在着非常深刻的关联。

某大型企业开发了能够定量分析职场中面对面沟通的系统。在引进该系统的某个企业里，比较从事同样业务工作的两个部门显示，业绩上升的部门和业绩没有上升的部门之间，上司与下属面对面沟通的次数相差3倍以上。

一边计算着与下属搭话的次数，一边更多地与下属搭话吧。

这个方法简单又不花费时间，却有着惊人的效果，你一定要试试这个方法。

计算沟通的次数吧！

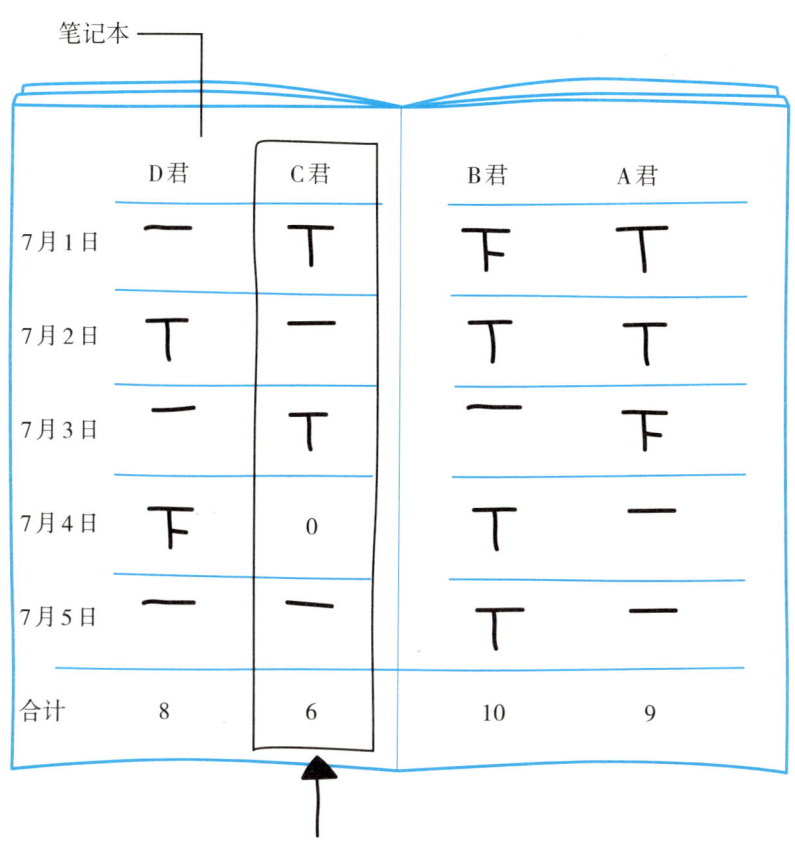

通过计算，马上就会知道和谁接触多，又和谁接触少

CHAPTER
3

领导的倾听技巧和说话技巧

09 领导应该拥有的倾听技巧

"下属从不向我吐露烦恼和不满的真心话。"

这正是领导的烦恼之一。解决方法可以很直接，即多采取"倾听对方的话语"这一行为。

那么，为什么下属不对上司吐露真心话呢？多半是因为上司喋喋不休的缘故。比如下面这些情形。

上司询问下属的烦恼和不满会这样问道："最近有什么事情令你非常困扰吗？"

于是，下属开始回答说："实际上，因为那次谈判眼看就要签订合同，最后却成了悬而未决的项目……"

这时，上司却打断下属的话语，说道："那样的话，这样做就可以了。"接下来，上司就开始凭借自己以往的经验，滔滔不绝地自说自话。

如果没有充分地让下属说出自己想法，之后就不可能再听到下属的心里话了。

要倾听下属的话语，你就要做一个彻底的倾听者。

倾听下属的时候，为了诱使对方说话，首先要摆出认真倾听对方说话的姿态，而完整地倾听下属的话这一行为应该放到最优先的地位。

无论是谁，对于认真倾听自己讲话的人，都会产生"想和他商量事情"的想法。

而且，许多企业的"报告、联络、商谈"都以报告、联络为终结。但是，重要的事情该如何去做，要对采取的具体行为进行商谈。

10 区分不同语言行为是掌握倾听技巧的关键

了解更多内容，请参阅《带人的技术》 27

本节我要介绍的是有助于领会对方话语的"要求性语言行为"和"描述性语言行为"。

行为科学管理以行为分析学为基础。在行为分析学中，将人们说出的话语也视为一项"行为"，并捕捉这种行为，根据其功能进行分类。在这些分类中，与沟通联系最紧密的就是"要求性语言行为"和"描述性语言行为"。

例如，年幼的孩子对母亲说："水！"

倘若"水！"意味着"我口渴了，我要喝水"，那么理所当然的，这个孩子是为了得到水，说出了这句话。

这就是要求性语言行为（mand）。若能从母亲那里得到水，说出"水！"这一话语就达到了目的，发挥了功效。

另一方面，孩子拿着装有水的杯子，母亲问道："杯子里装的是什么？"孩子若是回答"水！"，这就是描述性语言行为（tact）。

这种情形下，假如母亲回答"是啊"，"回答正确！"，"水！"这一话语就发挥了作用。

在上述两个例子当中，根据前后关系和事件背景来看，我们都能够简单明了地领会到"水！"这一话语的意思，但是如果是下述事例又该如何呢？

正值酷暑时节，跑业务归来的上司一回到办公室就连呼："真热啊！真热啊！"对此，下属附和着回答："还真是，天可真热啊！"这是针对描述性语言行为的应答。但是上司生气地说道："什么叫天可真热啊？！我的意思是谁来把空调温度调低些。你连这点理解能力都没有吗？"

这里上司说的"真热啊！"意思其实是"因为很热，所以请把空调风力开大一些"，是要求性语言行为。而如果下属反驳道："如果是这样，就请您说清楚，'把空调风力开大一些'。"恐怕上司会怒不可遏地说道："这点小事，就算我不说，你也该懂得察言观色！"

所以，倾听下属说话的时候也是如此，必须要区分清楚。是"今天去某某公司，发生了一件事情"这样描述性的话语，抑或是提出了"所以我需要您的帮助"这样的要求呢？

如果是描述性语言行为，对下属的回应只要包含认可、共鸣、表扬和感谢的元素。如果是要求性语言行为，表明下属希望领导能够采取某种"行为"，这种情况下，上司对下属的回应就必须包含指导性"行为"，对下属表示"这样的话我就会做某某事情"。

总之，一定要留意下属的话语到底是要表达些什么。

下属所说的"我明白了"、"没关系的"等也是要重点注意的话语。

如果你很在意又放心不下，就要及时和下属确认，了解情况。

11 营造倾听的环境

领导忙于处理工作业务的同时,还得仔细认真地倾听下属说话,确实是件不容易的事情。

可是,对"倾听方法"不以为然的领导,是听不到来自下属的确切报告的,也收集不到来自下属的信息。

试着站在下属的立场上想象一下。

上司总是在想到某事的时候,就立刻把下属叫过来。"喂,某某君,那个项目的报告还没写好吗?进展如何啊?"他并不顾及下属是否在忙,是否手头正有事情。

又或者,下属站在上司办公桌前,竭尽全力地作着报告,而上司甚至都不曾从电脑屏幕后面抬起头来看一眼下属。他只是一边听着报告,一边含糊应答。当办公桌的电话响起,上司也不会事先打招呼,直接拿起话筒讲起了电话,然后对下属说道:"专务叫我过去一趟,报告日后再说。"

这种种情形,也难怪下属对上司积攒了不少怨气。

所以,首先要做的是提前安排好倾听下属说话的时间和环境。

"就之前的事情，我有些问题想问问你，你11点的时候空出15分钟的时间吧。"事先这样确定好时间，下属就会清晰地认识到领导要找他问话，于是会将需要报告的内容事先整理妥当。

如果只是谈论较少内容，就没有必要一定得准备会议室。但是，我不赞成将下属召唤至自己的办公桌前，让下属站着说话。

比较好的做法是，给下属也准备椅子，和下属一起坐下来，倾听下属讲话。

当然，领导也可以一边倾听一边做笔记，既确保了准确无误地记录下有用信息，又能营造倾听下属说话的环境，实在是很有必要。

而且，不要打断下属的话语，而是完整地倾听下属说话直至结束。

因为比起下属来，上司经验更加丰富，因而常常想要预测出下属接下来要说的，然后予以回答。上司或是主观臆测，断言道："也就是说，你想表达的是这么一桩事情？"或是诘问道："比起你说的这件事，另一件某某事情又怎么样了呢？"

这样做，是不可能充分准确地从下属那捕捉到他在工作中的一手信息的。

为什么我会这样说呢？因为上司的主观臆测充其量只不过是猜测罢了。实际掌握工作中的第一手信息的还是下属。

而且，被打断话语的下属会失望地想："反正，我说了也是白说。上司是不会听我说话的。"于是，渐渐地，向上司报告的次数也减少了。

即使是想指正下属的话语、必须对下属进行指导，也要首先把下属的话语从头到尾地听完。

倾听完毕后，首先表扬并认可"完成的行为"，然后再对下属的报告提出反馈和建议。

"一声不响地完整倾听下属说话，这是自己的任务啊！"若是你对此感同身受，我推荐倾听下属报告时，在日程表的角落里，写上"是否倾听到最后?"并在这句话前画上○(是)或△(有时候、否)这些符号。

随着○的出现频率变高,你应该会切实地感受到下属的报告质量在提高。

■ 认真仔细地倾听指的是态度

当下属跟自己商量事情的时候，不要选择在自己的办公桌旁进行，要选择专门的见面场合

12 偶尔也要谈些私事

了解更多内容，请参阅《带人的技术》 05

在你领导之下的是能够在商业领域中提高成果的团队。它既不是以友好相处为目的的和睦团体，也不是相亲相爱的俱乐部。

话虽如此，我认为偶尔也应该聊聊各自的兴趣爱好、闲暇时候如何消遣、家庭情况等工作之外的事情。这样做的理由有3点。

1. 建立与新下属之间信赖关系的基础

上一本《带人的技术》中，我就曾写过，和新融入职场环境的人才"不能突然就谈公事"。

因为刚进公司不久的新职员，或是从其他部门调动过来的新团队成员，会惴惴不安地想："我和这名上司能好好相处、一起愉快工作吗？"所以首先要做的，是让彼此安心下来，建立能谈论公事的基础。

这时候谈论些个人私事，拉拉家常是最好不过了。

这一点是我在美国的亲身经历中学习到的。

当时，我正紧张地等待着和客户老板初次会面。他出现后，先是面带微笑地和我握手，然后就开口介绍自己的家庭和自己的兴趣爱好，并且问候了我的家人，询问了我的兴趣爱好。虽然只有短短几分钟的寒暄，却由于这洋溢着人情味、温暖人心的对话，整场会面的氛围非常轻松，商务层面的洽谈也得以推进。

2.探寻下属的工作"动机条件"

"他是为了什么而工作的？""想通过工作得到些什么？"在行为科学管理中，把这些称之为"动机条件"。

领导掌握下属的"动机条件"，能够激发下属自主、积极、热情地投入工作，创造出优异的工作业绩。而为了了解"动机条件"，有必要和下属聊聊私人话题。我将会在第13小节中详细解说。

3.表示对下属"怀有关心"

对人类而言，"对方对自己没有兴趣"是一件相当令人沮丧的事情。

若对方是工作中的上司，情况会更甚。

另一方面，每一名下属都是团队中的重要成员，因此作为领导有必要对他们"工作之外的事情"也持有兴趣。

"这次的假日你要到什么地方去旅游吗？""你读大学的时候，参加过什么社团吗？""家里兄弟几个啊？"试着随意问问吧。

当然，不必我说，"你怎么不结婚啊？""你还没生孩子啊？"这样的问题肯定是不恰当、不得体的。切忌对他人不愿意说的事情强硬地打破砂锅问到底。

13 了解下属工作的理由

你是为了什么而工作的呢？

在以往，大多数人会回答："多多赚钱，让家人过上好日子。""想有属于自己的房子。""想出人头地。"

在行为科学管理中，把人们自发行动的理由称为"动机条件"。组织中的人"工作的理由"和"通过工作想得到的东西"这些有关工作的"动机条件"，行为科学管理非常重视。

对于以前的人来说，无论是加班还是休息日照常工作，都毫无怨言，甚至把为了加薪和出人头地而拼命工作当作理所当然。如今他们可能会觉得难以置信，因为现在的年轻职员，对于工作的定位有很多种。"尽可能早点回去，珍视和家人一起度过的时光。""在现在的公司磨砺技能，有朝一日自己独立创业。""因为担任当地青少年足球俱乐部的教练，所以周六周日得空出时间来。""想主导大型项目。因此，无论是什么工作都愿意花费时间。""为了赚钱去国外旅游而工作。""目标是派驻国外，在上班前，自己花钱去上英语口语培训班。"……近些年来，照料父母同时又要兼顾工作，这样承受两方面压力的人也在增多。

针对形形色色的下属，只要掌握他们的"动机条件"和家庭情况、分配工作的比例和业务相关的反馈，以及第7章将要详细介绍的整体薪酬回报等手段，就能够提高下属本人的工作价值和充实感，以及下属对上司的信赖感。

例如，安排周末举办的商务活动的人手时，把周末预留给足球活动而不能出勤的下属安排在后勤准备一职，让他做商务活动前的准备工作。并对下属说："商务活动当天的事情就放心交给我们来办吧！"这样，下属当然会对你的关照怀有感激之情。并且，为了自己，也为了上司，会在今后的工作中更加努力。

为了犒劳下属，请下属去小酒馆喝酒，这是领导十分常见的想法。但是，对于想早些回家和家人尽享天伦，以及需要照料父母的人而言，这无疑是甜蜜的负担。

若你提出建议说："上次的项目，你的努力我都看在眼里，不错啊。这一周你就按时下班回家，养足精神，消除疲劳吧！"想必这样，下属才会对接下来的工作也全力以赴吧。

若下属在工作中时常想着独立创业或是派驻国外，有这样的未来职业生涯规划，就让他和你一起出席与相关业务负责人的见面会。像这样，考虑到关照每一类下属。

"去国外旅游和自己的兴趣爱好比什么都重要，工作只不过是满足这些的手段而已。"当你听到这样的观念，也许也曾因为这种价值观的差异而感到仓皇失措。但是，不管下属的工作动机是什么，只要他做好分内的工作，就没有任何问题。在工作之外的世界里，那些所见、所闻和经历，也许正好能调节工作，使工作富有生机。

正因为形形色色的人，才有着各自迥异的价值观和工作动机，这样的团队才能出色地完成各项工作。让我们好好珍惜并把握住每一个人才吧。

14 酒桌交流术

无论是否爱好喝酒,既然管理团队,你肯定会在意"酒桌交流"的效果。

追本溯源,为何"酒桌交流"是有必要的呢?

是为了伙伴间友好相处联络感情?还是为了鼓舞士气?

在酒席上热闹开来,确实是一件其乐无穷的事情。而且,也能感受到团队的齐心协力,对吧?但是,仅此而已就可以了吗?

如果进行酒桌交流越多,团队业绩提升越快,就应该每天晚上都聚会饮酒吗?回答是否定的。

对于酒桌交流,我认为只要保证诸位团队成员吃饱、喝足、聊尽兴,度过一段闲适快乐的时光,就足矣。

但是对领导而言,仅达到"闲适快乐"就结束每次的聚餐实在是太可惜了!倒上酒,谈论些轻松的话题,却没有有效利用这一宝贵机会。

那么,在出席聚餐的时候,空出15分钟,试着安排"目的性明确的酒桌交流"吧。

比如你可以这样做:

- 打听并发现下属想通过工作得到的东西（动机条件）
- 收集下属家庭成员构成情况、个人兴趣爱好和生活状态等，补齐工作和生活平衡中"生活"部分的信息
- 第4章会提到为了使行为稳定而召开短会，短会外又另有"作业"，需要约谈相关下属的完成情况。这时，你可以利用聚餐的机会，面对面与下属谈话，跟进提高成果的行为："可以执行吗？有什么我能帮得上忙的，都说出来吧。"

"今晚和A君谈谈。""这次找B君聊聊。"像这样针对全体成员，按顺序约谈，就自然而然矫正了每次都和同一名下属说个不停的情况。

15 如何与比自己年长的下属相处

了解更多内容，请参阅《带人的技术》 44

最近，我时常听到管理年长下属的一些烦恼。

由于从年功序列到成果主义的演变，比自己工龄长的人当自己的下属，已不是什么稀奇的事情了。

几天前，我遇见一位科长哀叹自己的境遇，他说："我的下属全部都比我年纪大，而且其中一人是我刚进公司的时候，负责带我、指导我的前辈。"

比自己年长的下属不仅仅包括正式职员。

"上头把我派到某地做领导，那里有些熟练零工已经干了某项业务十几年，什么都了解得很透彻，而我对这项业务的知晓程度几乎为零。尽管我是领导，却被他们看轻。我该如何对他们进行管理呢？"像这样的烦恼我也时常听说，而且恐怕今后将会逐渐增加。

但是，其实大家稍微有些多虑了。在没有尊敬长者这一文化风俗的美国，我从来没有听说过有关如何对待比自己年长的下属的烦恼。

工作就是工作。严肃地推进它就可以了。

话虽如此,对待长者还是得怀揣敬意,日本的文化还是需要尊重,因此,对年长的人说话记得要使用敬语。

不要用命令的语气说"去干这个!"而是类似委托"拜托您做一下这件事"。

谨遵以上两条,其余的和其他职员一视同仁地对待就可以了。

■ 如何对待比自己年长的下属？

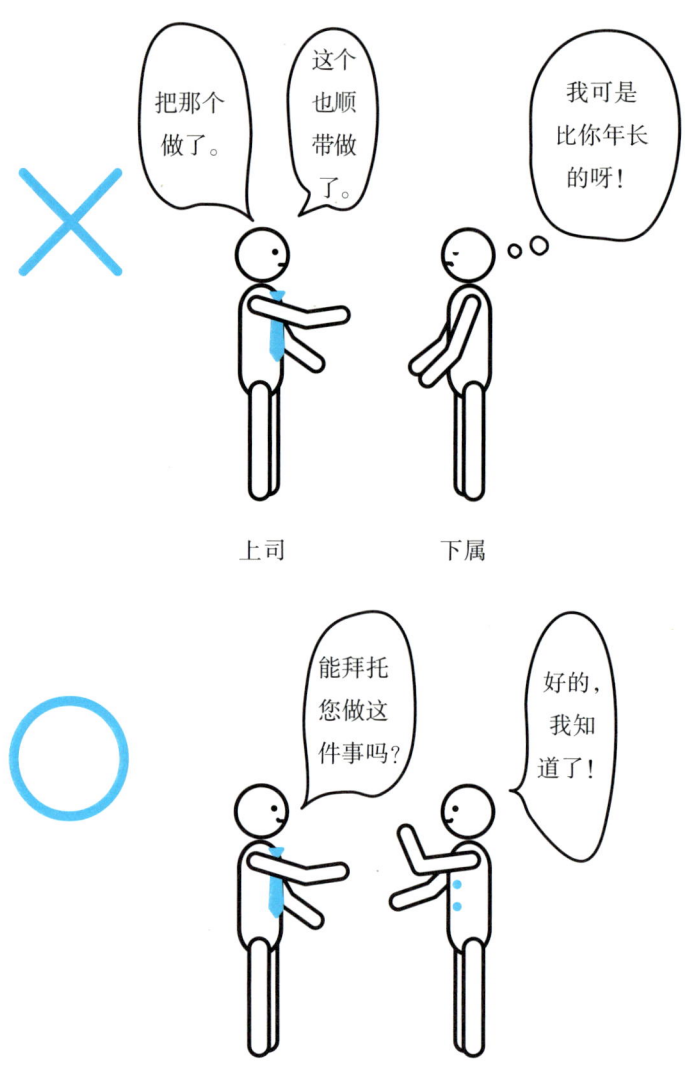

为了表示对年长下属的尊重，一定要使用敬语

CHAPTER
4

召开短会的
积极作用

16 普通审查式面谈的缺点

本章提到的"短会"指的是领导和下属间进行的面谈。

也许很多人会认为:"公司安排有审查面谈啊,难道这还不够吗?"

的确,几乎所有公司都会进行审查面谈,只是频繁程度不一。可是用行为科学管理的观点来看,审查面谈存在着不容忽视的大缺点。那就是,审查面谈的目的主要在于评价工作成果。

就好比父母和自己的孩子商量说:"要是本学期考试的平均成绩超过80分,就给你涨500日元零花钱。"是类似这样的情况。这样,平时的考试成绩只有七八十分的孩子能够对自我进行管理控制,为了得到更多的零花钱,有计划地安排学习,最终会顺利通关,平均成绩超过80分。

但是,对拼命学习却达不到80分的孩子来说,父母只关注成绩这一"结果",纵使严格说教:"听好了啊,下次绝对要达到80分哦。"孩子也拿不出成果来。

一切成果都是行为的积累。为了在考试中取得80分的成绩,就必须采取行动。如果只能取得50分的成绩,就要探究其原因,看是否有必要增加行为。

许多企业都制定有季度和半年度的行动计划，然后在每次审查面谈中，用这些行动计划来评价下属和上司的业绩，但是面谈的间隔实在有些长过头了。

而且，虽然冠以行动计划之名，却有很多案例表明，这些计划并没有仔细斟酌具体的行动。

举例来说，"多和顾客沟通"、"把握市场现状"之类的行动计划，毫无具体性可言。在期限到期的阶段予以评价，也只能给出"也许成功了"、"和之前比好多了"这样模棱两可的评价。

说到底，行动计划不具备具体性的话，就算是领导本人，在处理业务的时候，也不知道该采取怎样的行为才好。

当然，有的公司职员有效地发挥了审查面谈的功能。可是，能做到这一点的，只有那些一旦决定了目标成绩是80分就确确实实能达标的优秀职员。并且，由于自己成绩提升而被给予较高评价，也激发了他们在今后的工作中更加努力。

但是，令人惋惜的是，如同前文提到的，组织里优秀的人才只占两成。对剩余的八成普通职员来说，无论多么努力，都拿不出成果，也就得不到评价。这样，对于这八成员工来说，审查面谈不过是"已成定局，即便心里一百个不情愿也得出席"的例行公事而已。

虽然如此，让公司的人事制度为了你一人而改变是不可能的。

因此，即使知道审查面谈的这些缺点，还是只能严肃执行。为了弥补审查面谈的缺点，这里我推荐灵活运用短会。

17 召开短会可以稳定行为

提议行为科学流派的短会，目的是在审查面谈的间隙，检查和评价没有定下主题的日常行为，使理想行为稳定下来，也即让诸多行为得以持续执行。

为了取得70分的考试成绩，每天学习30分钟，可是最后只取得了60分，于是督促孩子道："那么，从现在开始学习40分钟吧。"如果是长期以来的学习方法不对头，就纠正其学习方法。如果总是不自觉地去看漫画，无法全身心地投入到学习当中，就改善学习环境。

列举商业领域的例子，思考方式也是完全一致的。

比如，为了提高业务成果，必须与客户多接触。这一情况下，若表明"每天电话联络10名客户"是能够提高业绩的行为，上司和下属在下一次短会中确认，就这一观点达成一致。

如果具体的行为得以确定，理所当然下属本人就容易展开行动，也能准确检验成功与否。

而上司对于成功做到"一天之内打10次电话"的下属，就要进行表扬，"很好，你很努力啊。"下属没有做到，就倾听下属的原因，和下属两人一起寻找改善的方法。以这样的目标召开短会，其实是件很简单的事。

相反，如果只着眼结果，会是怎样一种情形呢？

"为什么你达不到500万日元的销售额呢？你认为自己哪里欠缺？"

"……我觉得我干劲不足。"

"是啊，多拿出些干劲来！"

倘若从头到尾都是这样毫无成效的谈话，就丧失了特意召开短会的意义。

把重点放在"行为"上，才能磨合上司与下属的关系。

■ 短会上应该做的事情

检查具体应该做的行为

18 工作忙碌，你需要每月召开两次短会

运用行为科学管理的方法召开短会，最重要的是时间间隔不要超过两周。

最为理想的"强化"行为是在60秒内进行。对象是成年人（言语相通）的情况下，两周以内是有效的。这是根据经验得到的规律所告诉我们的。

因此，每月召开两次短会才是最妥当的做法。当然，每周召开也行，只是这样的话，中途持续不了的可能性很高，所以请试着首先形成每月举行两次面谈的习惯。

另外，我建议将时间固定化，比如定为每月第一周的星期四和第三周的星期四的下午，每人谈话5至10分钟。

为了使这一行为成为习惯，事先决定好时间是必须的。即使下决心每天学习20分钟的英语，却怎么也坚持不下去，归根结底是因为没有规定开始学习的时间。"吃早餐的时间比以往提前30分钟，从7点半开始学习20分钟。"这样决定之后，在坚持的过程中，就会变成吃完早饭，不打开英语课本，总觉得心里不舒服。于是，坚持下去的可能性就会迅速提升。这就是习惯的力量。

确定固定的时间召开短会，下属也容易事先安排工作，而且下属也可以整理出自己面临的问题在那一天和上司商量。召开短会具有以上这些好处。

"我现在有点空闲时间，借用你30分钟可以吗？"这样心血来潮的会议，被折腾的下属可受不了呀。

但是有人会说："光是日常业务就忙得不可开交了，还得定期进行面谈，绝对不行啦！"可是这种面谈，正是因为忙碌才具有意义。

就像我在前面重复强调的，人类对于自己的"行为"，如果被表扬、被认可，即使是不能马上与成果挂钩，也会自发地重复这种行为。

例如，为了减轻体重开始走路。

一天走30分钟，体重不会马上减轻，但是如果将这件事发到社交网站上，看到的人说："真努力啊。"这份鼓励会使人在第二天继续坚持锻炼。

反言之，不被人评价的"行为"，即便它最终与成果挂钩，也难以持续下去。

身为上司，一边处理日常工作，一边又要诚恳地评价下属做出成果的行为，确实很困难。正因如此，才需要腾出时间，召开短会，给予下属奖励。

我甚至认为，下属以工作忙碌为由拒绝这一提高成果为目的的短会，难道不是领导的失职吗？

在本节的最后，我们来整理归纳一下，为了稳定行为而召开的短会的流程：

1. 上司和下属为了提高成果而找出理想的行为（下属发现不了该行为的情况下，就由上司来挑选，是否采取这种行为，上司要和下属达成一致）。
2. 检查理想行为能否采用，是否充分执行。
3. 如果成功，通过认可和表扬的形式"强化"这种行为。
4. 如果没有成功，上司和下属一起探究原因，由上司来提出改善建议。

19 让短会发挥其意义的诀窍

要通过短会来提高成果，不可欠缺的条件是下属与领导之间能够进行坦率的对话。

如果有下属在应该采取理想行为的时候却偷懒，还向领导报告："我做好了。"这种情况下，利用召开短会来提高成果就没有多大意义了。

让下属坦率地对自己说明情况，存在着一个大前提，那就是让下属认识到"领导认真仔细地倾听了我说话"、"领导为我着想，他认可我并希望我成长起来"。

这两种"信任"都需要由日常行为积累而成。而在面谈的场合，也存在着能够简易施行、成效立显的技术。

即"强化"下属的说话行为。

可能你会感觉到有些困难，但其实这个方法特别简单。

只要提几个下属绝对能回答得上来的问题就可以了。比如"你今天午饭吃了些什么？""是不是要下雨了啊？""你看了昨晚转播的足球比赛了吗？"无论什么话题都可以。问一些下属能回答得上来的问题，倾听下属的回答，给出明确的反应，比如"是这样啊！""原来如此。"

通过这一做法，领导表明了态度："你的话我会认真听。"下属的"说话行为"被"强化"，这就创造了工作的话题也能坦率地说出来的环境。也是为步入正题、更容易地交谈做出的准备活动。

在短会上，双方总有相互觉得气氛沉闷的时候，也有面对上司会紧张的新人却必须面谈的情境，运用这项技术尤为奏效。

营造轻松的谈话氛围，特别是对口才不好的领导而言，难度可能略高，但倘若是"向对方提一些对方绝对能回答得上来的问题"这一简易的方法，想必无论是谁都能够施行。所以各位一定要试一试。

另外，我建议领导能够掌握在第13节中介绍的"下属的动机条件"，并有效利用短会。

因为下属闲暇时候的消遣方式、对待工作的思维方式和家庭情况等都关系到下属的个人隐私，所以要注意还是要以工作为中心，不要过分越界。

只要从现在起向下属表达出"我衷心期望你在工作中成长"的愿望，就无须过多担忧了。

■ 从问对方一定能回答得上来的问题开始吧

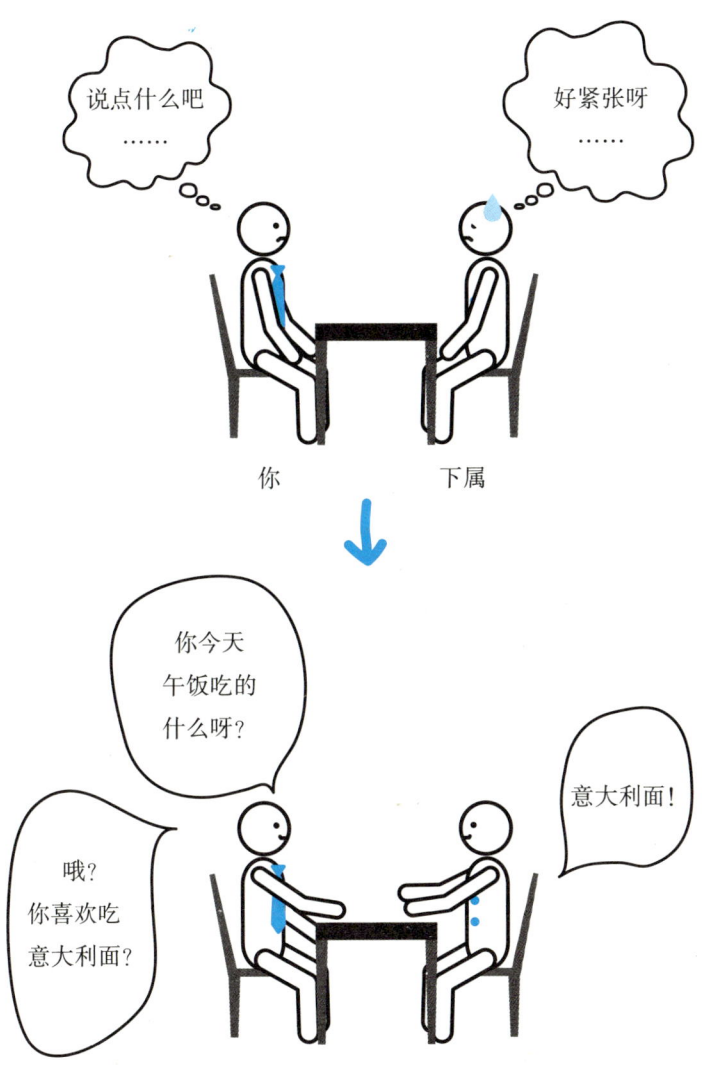

给出明确的反应，向对方传达出你"正在认真听"的信息！

20 表达的顺序

短会是为了稳定行为而召开的,在会上对于下属无法完成或不成功的行为,要引导下属思考"为什么完成不了、为什么不成功?""该怎么做才能成功完成?"这是至关重要的部分。

在这种时候,我建议按照先表扬、认可,再批评并提出要改善的地方这样的顺序来。

以表扬和认可作为开头是为了接下来的严厉批评能被下属接受。一开始就突然"批评"下属,会令下属关闭心门,之后无论你再怎么表扬下属,也无法进到他的心里。

进一步来讲,最为理想的脚本是"表扬→批评→表扬"。这样做能使面谈在友好的氛围中结束。

短会的主题,是"强化"理想的行为,使之趋于稳定。如果发现下属有另外的理想行为,就借此良机,多表扬表扬下属吧。

另外,"表扬"和"批评"的比例请务必控制在4:1以上。

就行为科学的观点来看,很明显地,这种程度的"批评"所带来的不好的副作用会得到控制。

在这一比例上增加"批评"比重是万万不可取的。

21 对下属理当做到的事也要明确认可

为了使各位重新认识到表扬的重要性，下面就以驾校教练为例来说一说。

现如今，无论在哪所驾校里，教练都温柔和蔼，熟练地教导学员。但在几十年前，有相当一部分的教练并不如此，他们净是指出学员操作不当的行为。

"这段道路明明是限速60公里每小时，你怎么达到70公里？这明显不行嘛！"每当教练发现学员的失误，都大声呵斥学员。

这样做，问题之一是教练的怒火掺杂了很多个人情绪。这种指导方法的另一个缺陷，是我们希望教练认识到由于他自己没有对"遵守限速规则，以不超过60公里每小时的速度行驶"这一行为进行评价，虽然这一行为是理所应当的，但是没有得到评价的学员也就没有养成习惯，做出以60公里每小时的速度行驶这一理想行为。

要确保学员养成这一习惯，教练必须明确认可学员，"一定要保持在60公里每小时的速度内哦！"

这也适用于运动队的教练。

"你现在的投球方法不错啊！""很好！"像这样积极正面的反馈，

对促使学员养成习惯，做出理想姿势非常重要。

当然了，我敢说，在商业领域也是同样的情形。

一旦下属采取了理想行为达成目标，即使在你看来"这种事情是理所当然的"，也要对下属表达认可。也许正因为是理所当然，你才更应该明确地、清楚地对下属予以评价，稳定下属的理想行为。

如果下属向你报告说："完成了。"而你却轻描淡写地说："那很好，另一个项目怎么样了？"

这样只能让好不容易得来的"强化"时机白白溜走。

22 召开会议鼓舞下属

判断短会是否有效发挥了功能,有一个简便易行的方法。

若上司和下属面谈之后,下属精神抖擞、干劲十足,那么这次面谈就是成功的。

身为领导和管理人,必须能够通过短会让下属变得积极乐观。

"今天是召开短会的日子啊……"在召开短会的某一日,全体团队成员从清晨开始就一副死气沉沉的样子。而短会结束后,团队成员们从会议室走出来,或叹着气"哎呀哎呀",或感慨着"又徒增多余的工作了"。

这样的事情我们是不允许发生的。

"多亏了和某某交谈,我现在头脑清晰多了。"

"我明确了自己要做的事情。"

"非常感谢您。我的烦恼解决了。"

"您能认可我,我很高兴!"

"从明天起,我会更加努力的。"

坚持每两周召开一次短会,无论是对领导还是对下属,都增添了一定量的负担，但是当短会结束之后，如果下属能产生上述想法，他们会变得期待面谈吧。

这样，不用说，因为理想的行为在不断增加，所以成果应该也会很快显现。于是，下属对领导更加信赖，日常的报告、联络、商谈和会议的品质也会逐渐提升。

所以，为了实现这一正面的连锁效应，请将短会从"两周一次的惩罚游戏"变成"鼓舞下属的面谈"吧。

23 让下属接受不擅长的工作，而不是命令和恳请

你有过沉浸在自己钟爱的兴趣爱好中，彻夜不休、全神贯注地投入其中的经历吗？当别人对你说："你可真努力啊。"你却回答道："一点也不辛苦啊，因为我深深地热爱着它啊。"你有过这样的经历吗？

无论是谁，对自己爱好的事物、擅长的事物和有兴趣的事物，即使有些勉强，也能努力起来去做。

工作也是同样道理。若是本人想做的项目，无论有多辛苦，都会自发地花费工夫去完成，拿出成果。

那么，如果下属本人对某项工作一点兴趣也没有，领导该如何是好呢？有些领导和管理人认为"不能让下属做他不感兴趣的工作"，但其实并不是这样的。

无论下属对这份工作是否有兴趣，只要有必要，就必须去做。

对于工作中必要的行为，不管下属本人认为自己不擅长、没兴趣或是其他，都要去做。

这种情况下，最为重要的，不是领导未经下属本人同意，"命令"

与"恳请"下属去做这项工作、采取理想行为，而是认真负责地让下属去"接受"。因为使用职权强迫下属去做是无法提高工作业绩的。

例如，这次的工作跟自己以往经手的工作风格类型不同，下属对这项工作没有兴趣，领导就可以给下属讲讲，新经手的工作具备未来潜力和发展可能性，做这份工作能使广大用户受益、带来幸福等。

也许下属虽然每天勤勤恳恳收集整理资料，却看不到做这些事的价值，可以趁此向下属说明这份工作的重要性，让他充分理解。通过这些方式，最终让下属本人产生"想做！"的想法是很重要的。

虽然这种劝导并不简单，也许你不能够立刻掌握，但是不论是怎样的工作，团队成员只要具有动机，对领导而言都是一项重要的信息。

请将"不使用职权勉强下属，而是让下属接受"这句话铭刻在心里，不断地磨炼自己的技术吧。

■ 普通公司职员感受不到对组织的贡献？！

[对科长的提问]
你认为自己对组织而言是怎样的存在？

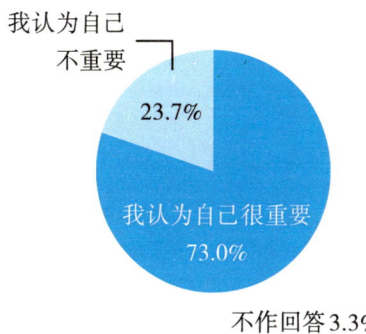

[对普通公司职员的提问]
你认为自己对组织而言是怎样的存在？

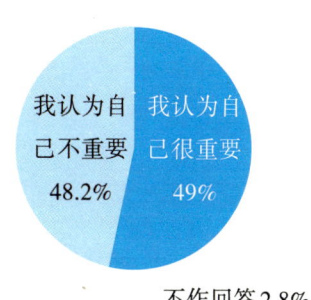

资料来源：选自公益财团法人日本生产总部《有关职场的沟通问卷调查》

为什么必须做这份工作，要向下属进行说明，使其接受

CHAPTER 5

正确地报告、
联络、商谈

24 对下属而言，报告、联络、商谈是否是惩罚游戏？

我曾在某个研讨会上向参与研讨会的领导们发出过这样的疑问："为何下属向领导进行报告、联络、商谈是必不可少的呢？你们怎么认为？"

不少人是这样回答的："这是为了确认下属是否在认真工作啊。"

这真是一种奇怪的说法，就好像是在说"领导放任不管的话，下属就会偷懒"似的。在这些领导当中，也有人认为："优秀的公司职员，其实是不需要向我报告、联络、商谈的。只要他拿出优异的结果，就随他去，爱干什么干什么好了。"

而这样的领导，如果下属报告的工作进展状况并不如愿，则当着大家的面严厉批评这名下属。

上司平日的言行是这样的话，多数下属就会觉得："因为我们不被领导信任，所以领导才要我们向他报告、联络、商谈的吧。"

人类的行为是有原则的。

如果采取某种行为的结果对自己有利，人们就会增加这种行为。相反，采取行为的结果是不好的，人们就会减少这种行为，或者完全不进行这种行为。

所以，报告、联络、商谈这一"行为"也应该建立在这项行为原则上。领导要求下属"向我报告、联络、商谈！"最后却还是被领导怒斥了一番。在下次报告、联络、商谈的时候，下属又被领导絮絮叨叨地说了些令人生厌的话……

这样，就好像是惩罚下属的游戏一般，报告、联络、商谈成了下属最不情愿采取的行动。而且，一旦下属停止对上司报告工作，上司会更加逼迫下属"向我报告工作，联络事宜啊！"在这种情况下，下属向上司报告、联络、商谈这一行为的意愿会越来越弱。

杜绝这种行为恶性循环，就应该改变观念，营造出下属想向上司报告、联络、商谈的环境氛围来。

因此，有必要创造出"下属向上司报告、联络、商谈，就有好处可得"的状况。

下属向领导报告、联络、商谈之后，行为被表扬了，努力被认可了，恰当的建议被接纳了，和领导商量事情被认真倾听了。下属若是得到这些待遇，必然会更多地采取行动，向领导报告、联络、商谈。

为了使报告、联络、商谈和工作成果挂钩，首先要注意的就是，不要让报告、联络、商谈变成上司惩罚下属的游戏。

给予向上司报告、联络、商谈的下属好处，促进下属自发地向上司报告、联络、商谈吧。

其次要注意的是重新认识报告、联络、商谈的意义与价值，并且向下属明确说明。详细内容，我会在第25节介绍。

25 报告、联络、商谈的意义何在？

提起报告、联络、商谈，人们往往容易觉得这是为了确认进展情况。而改变这种固有观念，才能更加战略性地应用报告、联络、商谈。

从完成目标来看，要做到公司战略部署和工作第一线的实际状况进行磨合调配。

不论是哪家企业，都有自己的愿景和战略目标，因此可以从这些方面入手，谋划战术，让公司职员为完成公司目标而采取行动。采用的战术从某种意义上来说是建立在假设基础之上的，正确与否，不试着做做看的话，谁也说不准。

例如，在制造业中，"制造的这种产品，向外推销，100个人里有30个人会购买"，假设市场情况是这样的，然后决定生产并销售这种产品。

然后，实际将这种产品投放到市场上会产生怎样的反响，或者说，市场上其他竞争对手会如何应对和行动，如果不向工作第一线的职员获取有效信息的话，是了解不到真相的。有可能其他制造商已经在生产相同品质的产品了，而且价格更低廉，也有可能消费者反映"再添加一项这种功能就好了"。

如果工作在第一线的下属收集这些信息并报告给你，身为领导的你，将这些信息与企业经营方面的战略和指示磨合调配，就能够向下属下达指示，与其他部门协作了。

也就是说，和经常坚守工作第一线的下属不同，处于离工作第一线稍远位置的领导，从某种意义上说，应该是企业高层和一线职员间的HUB（枢纽）。

通过报告、联络、商谈了解信息，能够使领导和团队成员间关系融洽，诸如"虽然社长说这样向对方发起攻势，但是你可以结合工作第一线的情况改变战略方针"之类，或是这样应对："在产品上增加这项功能吧。"

可能最初上级下达的指示和最后出来的产品很不一样，但是结果产品却大受追捧，这种成功的例子绝不少见。

不根据报告、联络、商谈来磨合调配，只是遵照上级所说的去做事，不懂变通，拿不出成果，这样是不行的。

想必读到此处，各位已经明白，如果把报告、联络、商谈仅仅视为"管理下属"的方式，显然是非常可惜的事情，也浪费了机会。

巧妙地利用报告、联络、商谈，将会在商务战略上发挥奇效。

在这里我是以制造业为例，而根据工种不同，业务内容不同，利用报告、联络、商谈获取的信息重点也会有所不同。

因此，你有必要对公司和部门所追求的报告、联络、商谈有一个新的认识。

然后，整理好这些思绪，就找机会向全体团队成员进行说明。

你可以说："我们部门背负的这些工作任务，收集来自工作第一线的信息是很有必要的。为了完成工作任务，达成业绩目标，你们向我报告、联络、商谈是极其重要的一环。"

而且，只要获得来自下属的报告、联络、商谈，首先要记得犒劳下属，给予准确的意见和反馈。

■ 有计划地使用报告、联络、商谈

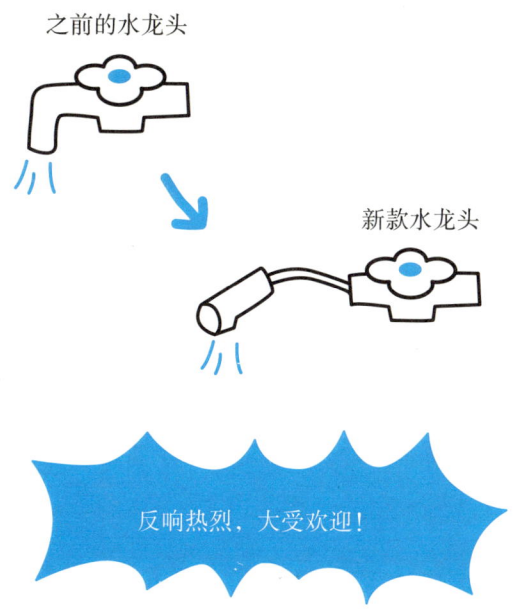

26 | 下达的指示正确吗？

了解更多内容，请参阅《带人的技术》 18

"下属报告工作的时机太晚。""不管怎么提醒，下属联络事宜和报告工作总是犯相同的错误。"有不少领导对下属不能采取自己期望的行动感到焦躁。

在这里，我希望各位回顾一下自己下达指示的方式。

"总而言之，我希望你尽快整理归纳出报告书。""下一次，你要及时准确地向我联络、汇报。"这样的指示是不是很耳熟？但是这里的"尽快"指的是一种怎样的程度呢？

即使下达指示的上司原本的意思是"最迟今日之内"，也许下属会认为"大概是本周内吧"。

"准确无误地传达出来"要点究竟是什么呢？也许，明明下属完全没有理解，却不得已回答道："我明白了。"

在行为科学管理中，将行为具体地表现出来是不二法则。

为了巩固下属报告、联络、商谈的这一行为，也有必要让理想行为更加具体地表现出来。

因此，要点有两个：

> 1. 时间、频度和次数等，尽可能用具体的数字表现出来
> 2. 无论对谁，都采用相同的、能做到的行为来表现

不是"尽快"，而是"今天下午6点之前"。不是"希望准确无误地表达出来"，而是"希望你一定要确认对方所在部门和负责人的名字"。必须这样去表现出来。

"这样的事情，不用特意说明下属也应该知道的吧？"这种自以为是的想法是禁忌。

有必要这样花费时间精力吗？其实下达具体的指示所花费的时间不过数分钟、数秒钟。如果这样做能够改善下属向上司报告、联络、商谈的效果，又有什么好迟疑的呢？也许很多人会想，自己事无巨细地向下属下达指示，下属能得到成长吗？

可实际上，上司对下属做不到的事情、无法理解的事情放任不管，才是对下属成长的妨碍。

■ 具体地传达事情，无论是谁都能做好工作

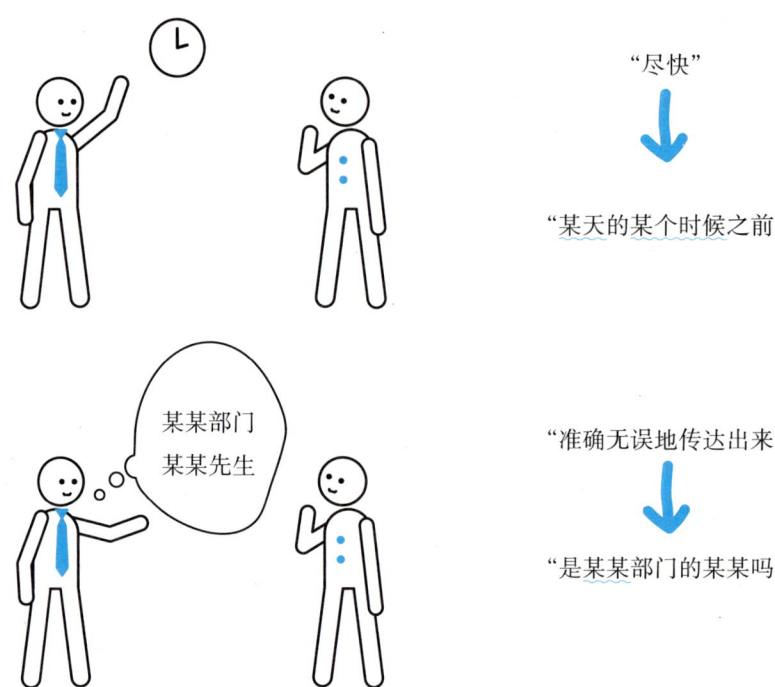

27 述说工作全貌和公司愿景

了解更多内容，请参阅《带人的技术》 21 26

在上一节中，我们讲到了要尽可能下达具体的指示。

例如，"星期三之前拿着货样拜访15家公司，星期四下午的会议上报告客户试用商品的反馈"，像这样运用具体的数字，确保下属能够采取实际行动，给出指示。

这种情形下，必须注意是否会出现这样的情况：非常了解自己所负责的业务，却看不透彻项目的全局。

为什么会这样呢？因为，诸如"自己所负责的部分在整个项目中处于怎样的地位？""向上司报告的信息将会被怎样运用？""今后将如何发展？""和其他部门要如何相互协作？"了解这些对下属掌握"报告、联络、商谈"的本质和准确度将有大幅提升，且与成果关联更加紧密。

当下属了解到，自己每天踏踏实实去做的工作，是项目中不可欠缺的重要部分，这时，工作本身的价值和下属对工作价值的认可度就会提高。

如果能意识到这一点，无论是谁都会积极地采取行动。

当然，做领导的没有必要在每次下达指示时，都确认工作全貌。但是，在启动项目的时候、变更战略方针的时候、应对紧要关头的时候，为了让全体团队成员能够俯瞰关键环节的工作全貌，领导务必组织语言述说出来。

例如，护理业界的话，可以用"如果能提供服务，国内大部分的高龄老人会重拾生存的意义"这样的语言。人才服务业界的话，"促成这一项目成功，接下来就能够在全球范围内展开业务"。像这样唤起大家的兴奋感，加入故事情节是最为理想的方式。

而且这样能够提高对自身工作的热情。

另外，除了要介绍工作全貌，领导还应该向下属述说公司的愿景和战略方针。

但是，绝对要避免像传话游戏那样，一字不差、机械地上传下达。

因为高层管理人员给出的公司愿景和战略方针是抽象的。而作为一个团队，为了拿出成果，将愿景和战略方针分解为具体的行动是极其重要的。

自发地推进业务发展，热情和夺人眼球的口号自然也能够成为推动力，但是直接创造出成果的，只有"行为"。

28 让下属能轻松向自己汇报坏消息

"产品调拨很有可能赶不上交货期限。""快要签订合同了,方案好像又行不通了。""老主顾发起重大投诉索赔。"这些情况不一而足。

在商务场合,首要的目标是避免引起这样的危机和过失,但是如果发生了上述情况,尽早、尽快地采取补救措施,是亘古不变的准则。

因此,下属必须经常性地向领导尽早汇报情况。

但是,往往坏消息很难传达到领导的耳朵里。

于是,当领导总算发觉到错误的时候,通常为时已晚。这种给公司带来巨大损失的情况绝不少见。

为什么下属对向上司报告负面消息一事总是很踌躇呢?原因很简单。"将过失和客户的投诉索赔向上司报告"这一行为对下属自己来说,毫无益处可言。

就像我之前数次提到的,人的行为如果能引起更好的结果,人们就会反复做出这种行为。相反,如果引起坏的结果,人们就会减少这种行为。

"为什么你会失败!""所以说你的能力根本就不行!"像这样,下属有过被上司当着大家的面训斥的经历。下次再发生什么事情的时候，"报告坏消息的行为"必定会被克制住。

不仅仅是下属本人，倘若其他团队成员也曾亲眼目睹"报告坏消息会被上司严厉训斥"这种情况，就不会积极地向上司报告工作了。于是，造成再次被动地应对突发状况，给工作带来损失，失去客户的信任。"对报告过失的下属发火"，上司的这种行为对于团队整体来说，不能带来一丝一毫的益处。

阻断这种恶性循环的方法十分简单明了。

若是接受下属向自己汇报的坏消息，首先应该做到的就是表扬"下属尽早向上司汇报坏消息的行为"。

无论如何要控制住自己，不要气血上涌地发火。首先要说"你做得很对，现阶段还能让其他团队成员来帮忙应对这种情况"、"感谢你及时向我汇报，接下来要处理的事宜，就交给我来办吧"此类的说辞。

仅仅凭借这样的做法，让坏消息立马传到领导耳朵里的概率就会大大提高。

而且，为了使那名下属不再重蹈覆辙，犯相同的错误，上司应该询问、倾听下属犯错的原因和过程，推断出"不应该采取的行为"、"有必要改进的行为"和"应该多多益善的行为"，再对下属进行具体的指导。

领导不应该对下属说"以后别再这样做了！""多注意注意啊！"，而是应该指示下属"采取具体的行为"。

如果说处理过失和投诉索赔必须马上进行，那么这样的指导改日再进行也毫无问题。可是，一定不要忘记。专业的领导是不会惋惜为此花费时间和精力的。

■ 下属向领导汇报坏消息

首先犒劳下属向自己汇报坏消息这一行为吧

29 将"日报"与成果挂钩

将每日的业务内容与回顾记录下来,向上司汇报,即日报。

你是否认真思考过它的目的及使用效果呢?

通过每日的报告可以得到许多信息。

就记录报告的人自己而言,每天的动向以记录的形式留存,能够体现出成果和值得反省的地方,今后工作过程中应该专注的业务和课题也会变得清晰明了。

另一方面,从负责检查日报的上司的角度来看,能够捕捉下属每天的动态,能够获取工作第一线的新鲜信息,还能够发现促进下属成长的启示等。

然而,在领导当中,只把焦点放在"捕捉下属每天的动态"的人不在少数。

在本章的开头,我讲到"放任不管的话,下属就会偷懒"这一认知是很多领导做出这种行为的基础。

这样的上司,是为了挑出下属的过失和缺点而检查日报的。"这空白的30分钟,你去了哪里?做了些什么?""你的这项活动花费时间太久了吧？"

于是，对下属而言，"提交每天的报告"这一行为充斥着自己的缺点和过失。

我希望上司不要净想着"严厉地、毫不留情地检查每天的报告是上司的职责"，而且对于报告上书写的内容，不要净是给予否定的评语。打个比方，在回顾当天业务内容的基础上，提出改善方案，并将它写进意见栏。

"你知道为什么我让你写每天的报告吗？你怎么写出这种低水准的改善方案？再好好仔细想想！"

也许有些公司职员会受到这样的话语刺激，振奋起来，但是对绝大多数的下属而言，"仔细认真考虑应该改善的地方，然后再写下来的行为"是从"想做"（want to）向"不得不做"（have to）的转变。

其实不应如此。"我觉得你的着眼点挺好的。如果再更为具体些就理想了。"应该像这样开头先表扬、认可下属优异的地方，再指出必要的部分，提出建议，进行修正。

这样对下属来说，他能够感受到这种建议和指导，根据"仔细认真考虑应该改善的地方，然后再写下来的行为"获得益处。

什么？下属没有一处值得表扬？

事实确实如此吗？这名下属至少能够坚持"书写每天的报告"这一行为，因此首先只要评价这一行为就可以了。

当然，在工作业务报告和回顾中，即使是一些微小的事情，如果下属有值得表扬的地方，也要务必用三言两语予以点评。

还有，最最重要的是，一定要及时评阅当天的报告，并给予适当的反馈。

"上司让下属提交每天的报告，下属遵照上司的意愿提交报告，可是下属却并不知道，上司是否真的仔细认真地阅览"，这样只会导致每天的报告在品质上不断降低。

　　这样，无论是从工作第一线收集的有用信息，还是促进下属成长的机会，都将会白白流失。而且，不知不觉中，下属向上司报告、联络、商谈都将逐渐减少。

　　对于连下属的日报都不给予反馈的上司，我想，是没有人想向这样的上司细致地报告和商谈重要事情的。

30 应对宽松世代，指示要彻底具体

了解更多内容，请参阅《带人的技术》 15 18 19 20

"最近的职场新人们真令人烦心。"

上司们这样哀叹着，这是沉积已久的历史问题。

恐怕在上司还是职场新人的时期，当时的领导和前辈们，一天工作结束后在常去的小酒馆里一边推杯换盏，一边也在抱怨职场新人的种种不是。

可是，对于"宽松世代"而言，情况就稍微有些不一样了。

这一代人接受的教育，是运动会赛跑不会明确排出名次，文艺汇演上的表演剧目要避免由于只有一人担任主角而导致主角单独备受瞩目，就餐时有不爱吃的菜也不勉强吃下去，不去改进不擅长的地方和缺点，却力荐他们展示擅长的地方和发挥长处。对他们而言，将考试分数做成一览表张贴出来简直是难以想象。

对身为企业中坚力量的商务人士来说，这种指导和教育方式简直是个笑话，可是实际上在全日本范围内，大部分的学校就是这样对学生

进行指导和教育的。

这样的方式培育出的人才，不仅让以往的管理方法和公司职员教育方法派不上用场，而且他们会因为一些小事就内心脆弱、灰心丧气，马上就想辞职。正是因为宽松世代具备以上特征，上司们才会感慨"培养职场新人可真够呛啊"。不能悠然自得地轻松面对，才是严酷的现实。

那么，对于和之前世代的人们价值观相差巨大的"宽松世代"，究竟该如何相处、如何面对呢？

我们总是不知不觉中将视线停留在他们的价值观和感受上，但要点依旧是"行为"。

即便价值观和感受各式各样，人们的行为原理却是一成不变的。要解决问题，达到效果，将过程分解为具体的行为，只要明确"理想的行为"，采用行为科学管理的方法，在行为科学管理的指导下，使他们自发地践行"理想的行为"就有可能。

下属报告、联络、商谈应该注意的要点，是要在业务上对下属下达指示，指引和教导下属步入正轨，甚至是下达具体的指令，例如，"我希望你像这样向我报告工作（联络事宜）。"

针对"宽松世代"的公司职员，这真的非常关键。

我在《带人的技术》一书中写到，"对待从未做过某'行为（工作）'的下属，要像对待第一次被差遣出去买东西的孩子一样，必须得详细地分解过程，教会他怎样做"。报告、联络、商谈中，上司对下属下达指示和进行指导的情况与此完全一致。

"就连这样的小事情，都得我一桩一件地说清楚不可吗？"

是的，就是这样。因为他们总的来说是异常老实听话的，如果对于他们该做的事情，领导提点些许的话，他们是能够真心行动起来的。

只是，在工作内容多而复杂的情况下，通过口头指示实在是让人难以全部记住，所以，也可以考虑以"备用物品一览表"、"业务流程图"、

"行为检查列表"的形式过渡。

"我希望你像这样向我报告工作（联络事宜）"，要这样指示，你不仅需要告诉下属报告工作（联络事宜）具体截止期限的时间点，你还需要对下属报告工作（联络事宜）的形式作出具体的指示。

比方说，如果需要下属将报告的工作归纳整理成一览表的话，就有必要交给他一份表格样本并附上说明。

31 应对宽松世代，对报告、联络、商谈要当即予以表扬

前面我们讲到，引导下属进行报告、联络、商谈，在下属报告、联络、商谈完之后，给予下属"表扬"和"认可"等好处是很重要的。采取某种行为之后，对自己而言，这种行为是有益的，这样人们就会自发地反复进行这种行为，这就是人类的行为原理。

要"强化"这种行为，对于成人（言语相通，讲道理能懂）而言，两周之内就会初见成效，这是经验之谈。

也就是说，即使不能在下属每次报告、联络、商谈的时候，都对下属进行表扬和认可，只要一个月内，上司多次对下属的报告、联络、商谈予以客观、准确、真心地评价，就是对报告、联络、商谈这一行为的强化。

可是，对待年轻一代，应该更强烈地意识到，对他们必须"立刻就表扬"。究其原因，是从他们的孩童时期开始，就通过电脑游戏，习惯了立刻被表扬。

玩过游戏的人想必都很了解，射击、智力猜谜、模拟仿真、角色

扮演等各种类型的游戏，根据游戏中自己的行为提高得分、打倒敌人，得到下一关的提示和游戏宝藏，进入下一关，这些都是即时奖励。

而且，从出生开始，物质上就什么都不缺的这一代，没有"想要那个"、"想要这个"的想法。取而代之的是"希望被他人和社会认可"，他们的特征是这种异常高度的想要被认可的心理需求。

在日本，年功序列是理所当然的事情。即便从上司方面得不到表扬和认可，对于有晋升的奔头而每天勤勤恳恳地专注工作的一代人而言，显然他们和宽松世代是在不同环境里长大的。所以，必须考虑到这一点，然后在这一基础上对宽松世代进行工作指导和管理。

要记得，对宽松世代的报告、联络、商谈，要马上进行表扬和认可。找不到表扬之处，就评价他们来向你报告、联络、商谈这一行为本身吧。

下面我再赘述一下关于培养宽松世代下属的注意点吧。那就是，在早期阶段就让对方感受到目标达成感。

若是针对以前几代人，这样指导他工作："刚步入社会工作，有什么做得不好的也是理所当然的。接下来要加油，努力成长起来吧！"或是鼓动他："得出这样的结果，难道你不会不甘心吗？给我好好干！"这样培养人才的方法完全可以派上用场。但是，对于宽松世代而言，一次失败就可能导致很多人内心脆弱、灰心丧气，对工作产生厌恶之情。

因此，如果可以的话，从第一次开始就让他们感受到目标达成感。所以，领导一定要在对他们下达工作指示时花一些工夫。

什么？你说职场新人刚开始的时候是不可能做到达成目标的？这样说确实不无道理。但是，重要的是，让他本人感到"我做到了！"所以，难度非常低的工作也无所谓。

例如，你可以在初次和客户的商谈中，让他同行。

在同行之前，对他说："今天你只需要尝试做三件事情。"列举出对方绝对能做到的三件事情。就算是"交换名片的时候,看着客户的眼睛"这种级别的事情也可以。

然后,下属做到的话,就予以认可:"做得好!"

也就是说,让下属本人充分体验到、意识到成功的经历。

就算是报告、联络、商谈,你教给下属最基本的报告方法,如果下属做到了,就明确地向下属本人表达出来,对他进行表扬和认可,这是很重要的。

CHAPTER 6

创造充满愉悦氛围的职场环境

32 触发团队工作氛围的整体薪酬回报

在本章里，我将就如何创造让全体团队成员自发地、积极地投入到工作中，创造高工作业绩的职场来说一说。

首先，我要介绍的是，在美国被称之为"整体薪酬回报（综合性的报酬）"的概念。

提起"报酬"，人们很容易联想到工资和奖金这类金钱性质的报酬，但是总体薪酬回报的观点是，"非金钱性质的报酬"才是重要的。

每天的辛勤劳动以工资和奖金的形式作为回报，既是理所当然的事情，也是令人愉悦的事情。但是，作为组织中的一员辛勤工作，人们期盼得到的并不仅仅是金钱。我想，作为领导，你自己每天工作的时候也能够有同样深切的体会。

"由于付出了努力，促使这个项目成功，感到自己也得到了蜕变、成长"这份对于成长的真实感受，还有当上司对自己说"幸好把这份工作交给你办，我没有看走眼"这个时候的自我肯定，以及在严苛的交货期限内，团队齐心协力完成工作之后全体成员握手、击掌庆贺时候的整体感。

像这样，感到"太好了！努力是有价值的！"的刹那，你一定拥有过这样的体验。也正因为有这样的体验，人们才有加油的动力。

即便是与上述举例相比，更加日常、细微的事情，当人们感觉到"得到了回报"时，在工作时的行为就会自发而又积极。

身为领导，务必向团队成员积极地提供非金钱性质的报酬。

把每一名团队成员都当作重要的伙伴来看待，给予他们整体薪酬回报。这样能够使团队比以往更加富有活力，工作业绩也就自然而然会自主地提升。

领导为下属提供的整体薪酬回报，具体来说到底指的是什么呢？行为科学管理把最基础的"非金钱性质的报酬"整理罗列出六大要素，将在下一节阐述说明。

33 整体薪酬回报的六大要素

"创造富有活力的职场环境"、"使团队富有活力"这些抽象的标题,看起来很难变成现实,我们也根本不知道具体该如何采取行动。

在行为科学管理中,以下六大要素,是创造充满工作乐趣的职场的指针。

1.认可存在,并怀着感恩的心(Acknowledgement/承认)

将团队成员视为工作中重要的伙伴,具体、详细地表达出"能和你一起工作,我很开心"的心情。

"公司给你们发工资,所以你们拼命工作是理所应当的。""听从上司的命令是理所当然的。"这样的态度是不可取的。

2.考虑工作和生活的平衡（Balance/均衡）

关心各类型团队成员如何保持工作和生活的平衡。为此，领导应该掌握的基本情况中，最为重要的是在前文第12节中提到的"动机条件"。而且，对于"正在养育儿女"、"正在看护家人"，面临这些情况的下属，也十分有必要多予以关心。

3.创造具有连带意识、欣欣向荣的职场风气（Culture/文化）

只要是有关工作，都可以自由发言，下属面对上司能直率地提出想法、发表意见，团队成员间彼此认可、互相协助，犒劳和称赞的话语在日常工作中交替纷飞。

在这样开放、内部信息畅通的团队内，不论是谁，都会为了团队去提高成果，心甘情愿地全身心扑在工作上。

4.提供成长机会（Development/成长）

无论是谁，都"渴望成长"，所以，成长的感觉是极大的报酬。支持下属的工作，让下属积累成功的经验，为下属提供研修和参与研讨会的机会。领导能够为下属的成长添砖加瓦的事情数不胜数。在此基础上，如果发现下属哪怕有一丁点儿的成长，也要用下属能够明白的方式积极认真地给予评价。

5. 整理工作环境（Environment/环境）

整理办公室的环境，使其令人心情舒适，适于工作。

由于部门不同、业务不同，工作内容也各式各样。例如做文职的，资料和文具就应该整理齐整，保持随手可取的状态。为了更加高效地处理业务，应该确保电脑设备存储必要的技术资料，备齐必要的办公器械，保持最新版本的软件运行通畅。

6. 给予具体的指示和指导（Frame/框架）

"为什么做这些啊……""完全看不到工作的全貌。""总感觉被指挥着做一些无用的事情。"抱着这些想法工作，只能感受到无穷无尽的痛苦。

指导下属正确地推进工作，给下属详细地讲解项目的框架，对下属明确地下达指示，让他们采取与成果挂钩的具体行为。

如果你采取积极的态度，做到以上六点的话，团队成员应该都会感受到"在这位领导手下工作真是太好了"、"能够身为这个团队中的一员，为团队工作，我感到无上喜悦"。

■ 以往的报酬和整体薪酬回报的差异

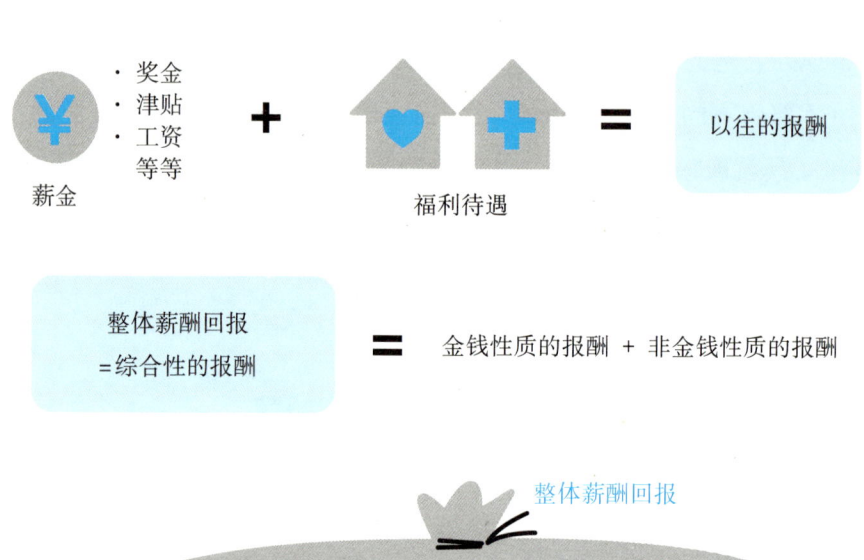

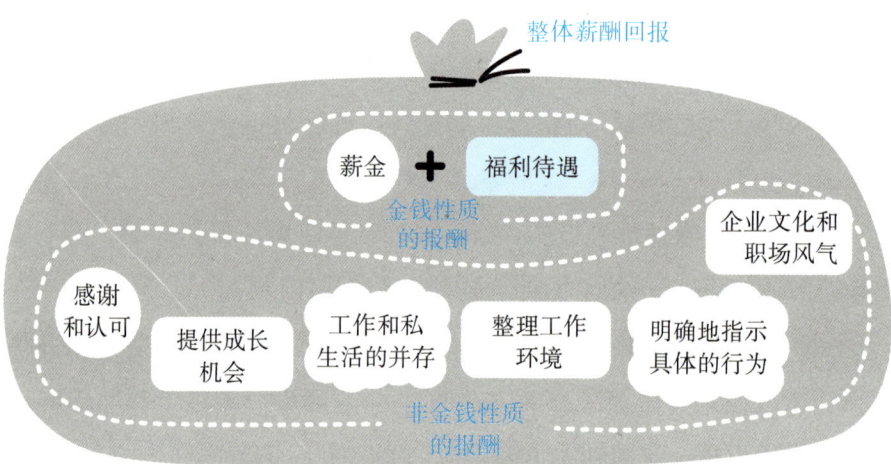

34 用感谢卡巧妙表达出心意

近几年来,我时常接到这样的报告:在日本各式各样的企业里开始引进"公司职员之间相互感谢、相互赞扬的方法","将这个方法运用到实践中,不仅仅使职场的氛围变融洽了,而且工作业绩也提高了"。

不论是谁,在内心深处都会有"想帮得上别人的忙,发挥自己作用"的想法,如果别人对自己道谢的话,想必一定会很开心。如果这个"别人"是工作场合的伙伴和上司,那么为了团队奉献自己,这样的心情就会更加强烈。所以不难想象,上述方法跟工作业绩的提高是挂钩的。

在行为科学管理中,有一种措施是使用"感谢卡",它是企业时常会引进的一种意见系统。

即使是使用复印纸和图画用纸也无妨,在纸上印刷出"感谢卡"、"Thanks!"这样的名称,以及"收件人、感谢内容、发件人",将印刷出来的感谢卡分发给每位团队成员。如果卡片过大,虽然书写的感谢内容会很充实,但是这样也会造成交递的负担。因此,卡片制作成名片大小就可以了。

每当发掘到感谢的素材,你可以当场写下来,交给对方。

"谢谢你帮我将留言以笔记的形式保留下来。""今天，你对这项工作的跟进，真是帮了我大忙。""感谢你马上帮我找出了资料。""谢谢你帮忙整理报纸。"事无巨细，通通都可以写在感谢卡里。

刚开始的时候，因为大家都有些不好意思，不怎么使用感谢卡，你可以定下一项规则，"一天中必须递交出两张以上的感谢卡"。

有些人通过观察自己每天的行为，针对自己每天的行为进行正面积极的反馈。

如果整个团队都形成这样的习惯，就会与获得金钱报酬和假日一样，甚至还可能超越金钱报酬和假日，成为更有价值的"报酬"。

只是，有人会认为："写感谢卡是件多么令人害羞的事情啊！"也有企业会认为："写感谢卡和我们公司的风气、企业文化不协调。"

虽然，在找我做咨询的企业里，也有许多说过以上差不多的话，但他们实际做起来却效果拔群。我遇到的几乎都是这样的案例。

因此，我推荐，你也可以在工作中，将使用感谢卡实践一下。

如果实在做不到，可以试试在接下来的小节中介绍的灵活使用社交网站的方法，因为在很多大型企业中，都自主开发、导入了独立的系统。

■ 表达出平日里的感谢心情吧!

不要害羞,总而言之,试试看吧!

35 活用社交网站,"强化"彼此的行为

下述例子是一个真实案例,发生在一家与我公司有业务往来的企业里。在这家企业里,禁止收发公司内的邮件,取而代之的,是在脸谱网上创建非公开的群,全体公司成员在群里讨论。

营业部的新人发出一条状态,"今天总算到了能够提交提案的阶段了。"眨眼间就收到了好几条点"赞"的回复。

"我想到了这样的改善方案。"这样的一条发言,也接二连三地收到点"赞"的回复留言。

对于某人的发言(和在发言里所写的行为),其他人迅速地给予点"赞",这就是行为的"强化"。

也许会有人说:"为什么脸谱只能点'赞'呢?我希望有'贬'或'踩'的按键啊!"但是我觉得有"赞"就够了。

因为由于私人原因使用脸谱网的人也渴望被点"赞",于是人们会采取一些行动,如"拍更加好看的照片放上去吧"或是"发掘一些有趣的新闻吧"。

脸谱网已经是一个很完备的系统,不需要花费金钱和时间精力,马

上就能上手。而且，随时随地都能进行浏览，对下属的发言也可以马上点"赞"、立刻留言。

在本节开头，我介绍的实例中提到的那家公司，大约有20名职员。以这种规模灵活使用社交网站，全体公司职员实现信息共享完全可以实现。

如果在全公司范围内无法灵活使用社交网站，创建属于自己团队的群主页也行。

比方说，虽然将下属发来的报告邮件立刻阅览完毕，但是却抽不出时间来对下属进行反馈，总是将反馈这件事延迟推后，对这样的领导而言，使用社交网站，只要在这个系统里点一下"赞"的按钮，就能先让下属知道"我已经认真看完了"。这样，对内容的反馈稍后再说也不迟。

在这里，我是以脸谱网为例介绍如何活用社交网站，另外我还推荐Cybozu、Aipo、ChatWork等着眼于提高团队工作效率的群网页。

CHAPTER 7

使团队富有活力的技术

36　注意不和谐的声音，以及相关的"不公平感"

对于"与成果挂钩的行为"，要一个劲地予以表扬，进行"强化"。

虽然我希望你能积极地践行这种强化行为，但是作为统率团队的领导，你还需要留意一项要点。

即表扬的次数，在每一位团队成员间，切忌有失偏颇。

身为领导，下属越是信任你，你越是要注意所谓的"偏袒"给团队带来的负面影响。

最糟糕的情况，是团队内产生了不和谐的声音。

当然了，虚心坦率地接受领导的意见和指导，脚踏实地采取行动的人当然"被表扬的次数"会更多。而且，和团队成员的沟通方面，与那些和自己气场相合的下属接触得多些也是自然而然的事情。

因此，自己首先要清楚认识到"公平很难做到"。

在此基础上，对于那些平日表扬次数少的下属，请你仔细观察他们，不要看漏他们微小的成长和采取的那些与成果挂钩的理想行为。对于那些平日里接触不多的下属，就多和他们搭搭话，即便是简短的话语也无妨。这两种做法都是必要的。

■ 公平地对每一名团队成员讲话

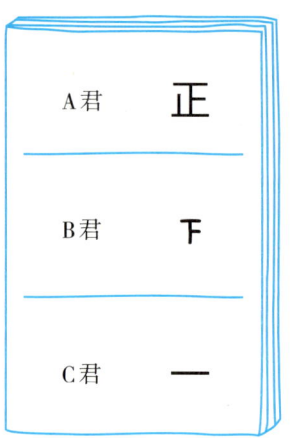

记录和下属沟通的次数，就能够积极地和交流次数少的下属搭话

37 进行公开交流

了解更多内容，请参阅《带人的技术》 34

公开交流至关重要。

有一部分人"偷偷摸摸"地背地动作，对大多数人来说，都会感到不愉快。更不用说，"偷偷摸摸"背地动作的人是自己的领导了。

团队聚餐喝酒或是举行文体活动的时候，应该通知全体团队成员，即使是那些说过"当天绝对参加不了该活动"的成员也应该包含在内。

和某一特定的下属共进午餐，也要堂堂正正地公开才比较妥当。

在第4章中谈及的短会和提交给下属的"感谢卡"，请注意不要因人而异，发生次数不同或是有所偏倚的情况。

可是，虽说"表扬"下属应该在众人面前公开进行，但是"批评"下属却是在两人私下独处的场合进行比较好。当然，情绪上冲动的"愤怒"不在此讨论范围内。

■ 进行公开交流

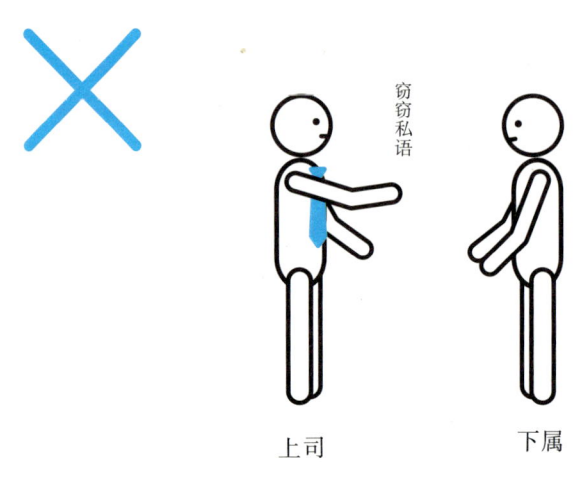

两人独处，私下里窃窃私语是不妥当的，在公共场合谈论事情吧！

38　不要为了工作成果，让团队成员相互竞争

将个人的业绩和销售额以图表的形式展现出来，张贴起来，激起公司职员之间的竞争心理，并且把每个月的销售冠军当做MVP看待，进行表彰。

延续至今的这种做法，以行为科学管理的视点来看，谈不上是好做法。

如果你认为"我希望团队成员之间稍微竞争一下"，可以将团队成员分成几个小组，采取"小组对抗"的形式来竞争。"对于取得优胜的小组，领导将请小组成员吃午饭"、"自掏零花钱，准备一些小奖品"等，像这样设置一些奖赏会比较好。

这样，无论是刚进公司的新人，还是苦于提升业绩的人，都有可能获得第一名。无论如何也要胜出的精英，会教给新人业务上的窍门，给予不能充分发挥实力的人以支持，这些都是令人欣喜的附带收获。

我推荐，不要固定小组成员，时不时地进行人员重组。这样做能够保证对全体团队成员一视同仁、均衡分配，使他们都有机会获得优胜，是最为理想的做法。

另一方面，就如同递交感谢卡的数目一般，让团队成员的"良好行

为"的数目，以个人的形式相互竞争。如果大家竞相递出感谢卡，团队的整体风气、氛围就会越来越好，对提升业绩也会做出不小的贡献。

直接关系到业务，若是非关"成果"，只是"理想行为"的话，可以让团队成员相互竞争，而脱颖而出、取得第一名的人，是值得被大家众口称赞的。

这种情况下，比较"提出的业务修改方案数目"，就可以让全体团队成员在同等的条件下竞争。至于那些没有直接关系到成果的竞争，如比较"收到的名片数目"之类，则只会徒增不必要的行为，所以还是避免为妙。

39 相互教导的风气使团队成长

通过研修、研讨会和咨询，我接触了各式各样的企业，从这些企业的真实情况中，我发现"强大的团队"有着一个共通点，它们都是"团队成员间相互教导，相互学习"。

在某IT企业的创意部门里，流行举办自主学习会，由对当天的主题了解得最清楚的团队成员来担当讲师。

在IT这个特定领域中，很多人从学生时代开始就积累了丰富的经验，有时候刚进公司不久的职员也有可能担任讲师。

虽然这家公司的做法是个特殊的例子，但是日常化的"相互教导"的例子时常有所耳闻。

相互教导对方彼此擅长领域的知识和技能，受教的一方能够将这些知识和技能变成自己的财产，也能使团队更加富有活力。而且，更为重要的是，对教导的一方而言，也是一种学习。

因为要教导他人，之前模糊不清的知识也会变得清晰明确，而且，通过教导的过程会有意识地加深理解。

要使这种"相互教导、相互学习"的做法流行开来，公开的、内部信息通畅的职场风气是必要条件。相互教导、相互学习的风气会使职场中的氛围更加良好。

在倡导这一做法的过程中，领导首先作出表示："A君你擅长做某某事吧？这和B君这次着手的工作有很深的关联，所以你教教他吧！"这样的发话，是很有成效的。

而且，作为领导，也要创造机会让下属给予你一些教导。如果你觉得"向下属求教，真不像话！"这样是不可能创造出自由的、富有生机的团队氛围的。

仔细听讲，认真学习，并表达感谢："我已经清楚地了解了，谢谢你。"体验到这份成功，也会让下属茁壮成长起来。

40 用这些方法强化部下"当众讲话的行为"

如果你在不经意间观察团队成员，你会发现在休息的时候、吃饭的时候和一起喝酒的时候，团队中常常有人扮演着倾听者的角色。

虽然这其中有人是"喜欢听别人说话"，但是大部分人的实际情况是"当众讲话的行为"没有被"强化"。

我想到以前在我的公司里尝试过的"在联欢会上讲话的题目和列表"。预先将包含了十几个题目的列表分配给每位团队成员，在举行聚餐喝酒和联欢会活动的时候，指定"今天讲讲第五个列表至第七个列表的题目三"，像这样让全体成员按照顺序来发表讲话。当时的气氛也是相当热烈。

这一定会对加深团队成员间的亲密程度起到效果。

老实巴交、平时不怎么说话的人，以及刚进团队不久、容易紧张的新进职员，开头讲道："我想想，那是小学的时候有关学习的事情……"这时候大家纷纷向前探身，饶有兴致地听着。他讲完之后，大家或掌声轰隆，或欢声不绝，也有人就刚刚他所说的题目发起疑问……

像这样自己说话，大家都饶有兴趣地倾听，开个小小的玩笑，也能引起大家的反响，这就是"当众讲话的行为"被"强化"的体现。

因此，他在下次的联欢会上，会比上次更有自信地讲话。

于是，又会由于大家的反响行为被"强化"，在如此反复间，就会渐渐习惯在别人面前讲话。

有关这个列表，就像我在本书中写到的那样，向公司的员工确认，获得使用授权之后，广泛应用于年轻人的联欢会和新人欢迎会等场合。

■ "强化"讲话方式

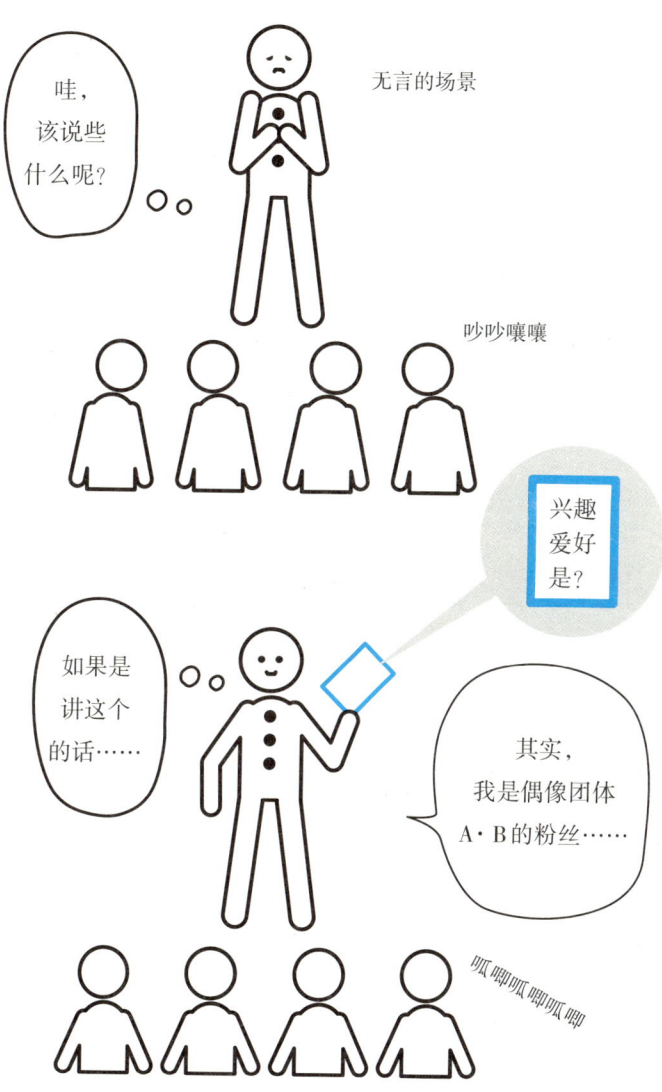

也许能发现讲话人不为人知的一面

CHAPTER
8

为了得出结果
而召开的会议

41 仅仅召开会议还不满足？

"这么忙，又开会啊？真是服了呀。"
"耗了两个小时，这会议开得有意义吗？！"
这是在很多公司里职员私底下交谈时发的牢骚。
那么，为什么会议会变成这个样子呢？
所谓会议，是在一个组织里为达成目的而采取的手段之一。
如果达成目标所必要的信息共享，能够用开会之外的方法得以实现，那么召开关于如何完成这项任务的会议就没有必要了。
然而，以"星期四开例会"为由，在繁忙的工作中抽时间集中全体团队成员，这种行为方式暂且不论，只有上司一个人思考"今天的议题是什么？"我认为这样的会议只能是流于形式。
召开没有意义的会议就是浪费时间，应该鼓起勇气废止。如果是召开有意义的会议，应该在目的达成之前设想脚本，"从最后期限开始逆推算，7月初和8月底有必要召开报告会议。"必须像这样具体地列出战略方针。有必要的话，还应该讨论是否增加开会次数。
无论何时，在商务领域的工作中都存在着大量无成果的会议，其中最大的原因就是,"会议"这个词语囊括了一切。

因此,就看不到应该施行的具体"行为"。反言之,正是因为对在会议上必须做的事情的定义暧昧不明,仅凭"召开会议"这一件事,大部分的领导们就会满足。

在本书中,我想提倡的是,在职场上进行的各式各样的会议,将它们根据"目的"来分类,创造根据团队量体定制的会议体系。我将在下一节进行详细解说。

42 分解并整理会议

我提倡将会议根据不同目的分类，通过系统化将会议作为达成目的的手段，使开会的作用能够大幅度提高。

例如，团队在攻关某个项目的时候，在达成目标之前的过程中，我们完全能够猜想得到，理想的会议应该如下述这般。

在项目启动时期，通过会议将宗旨和概要由领导向下属传达，然后根据战略方针，由领导对下属下达命令，指导团队成员工作。

像这样，信息流通从上层到基层，就是上意下达。

对于上司的指示命令，下属必须予以报告。下属们也需要机会来吸收从工作第一线收集、获取的信息。这些信息流通，是从基层到上层的，也就是自下而上。

在项目推进的过程中，问题和新的课题会层出不穷，在这种情况下，通过会议将这些问题和课题共享给全体团队成员，若他们能毫无顾忌地彼此交换意见就更好了。也许还会出现相互出主意，形成头脑风暴的景象。这样交换信息，争论意见，既不是"从上层到基层"，也不是"从基层到上层"，而是全员参与。

像上面所说的那样，着眼于获取信息及信息传递的方向，会议可以被分为以下三种类型。

1. 信息从上层到基层（上意下达型）

适用于上司对下属进行命令指示、传达想法、联络事情、解说公司提出的任务，以及说明项目的宗旨等。

2. 信息从基层到上层（自下而上型）

针对领导给出的命令指示，下属予以报告，确认工作的进展状况，并报告市场现状等，是为了让领导掌握工作第一线发生的状况而召开的会议。

3. 全体团队成员共享信息并讨论（全员参与型）

解决问题、交换意见、分析信息、头脑风暴等，跳出上司和下属的条条框框，这是全员平等、自由发言的会议。

首先，团队每天召开的各种会议，虽然未必十分频繁，但是你必须对必要的会议，以及回想得起来的会议进行盘点。"星期一的早会"、"星期三的例会"、"一个月召开两次的营业作战动员会议"、"（业绩瓶颈期的）临时会议"、"应对投诉索赔的会议"，请对诸如此类的会议做个列表。

接下来按照上面提到的三种类型的会议制作表格，将列出的全部会议逐一填写到这个分类表格内。假如，"星期三的例会"既有上司进行指示命令，也有下属进行报告，包含了两种类型的活动，那么，你就在"上意下达"一栏里写上"星期三的例会（时时进行指示命令）"，在"自下而上"一栏里写上"星期三的例会（每次进行下属报告）"。

这个过程中，会出现既不是类型1，也不是类型2，也不是类型3的会议吗？如果遇到这种会议，就很可能是目的不明确、"习惯性召开"的会议。这种会议是否真的有必要召开，就需要大家一起讨论决定了。

将所有会议分成三种类型，各种会议的召开目的就会渐渐浮现。你可以趁此时审视所有的会议，再商量讨论一下目的不明确的会议。

比方说，不论是"星期一的早会"，还是"一个月召开两次的营业作战动员会议"都上报同样的报告。这时候，你也许应该在两者中选择其一废止。如果全员参与型的会议一次都没有召开过的话，就有必要安排这样的机会，让下属们发挥主观能动性，彼此交换意见。当然，做这份安排时，未必要以会议的形式，这种形式是无关紧要的。

为了更具战略性地推进会议效率的提高，必须掌握会议管理的关键要素，而由于各类会议的具体情况不同，关键要素也存在不同。

一般来说，会议管理的关键包括：会议主持人、坐席安排、会前准备的注意点、工具、召开会议花费的时间等。

将这些关键要素对应于上述三类会议各自不同的"目的"上，也会出现各自不同的情形。

举个例子，就拿坐席安排来说，一般推荐的坐席安排方式是这样的，类型1中的上司和下属像学校里的老师和学生那样，是面对面的"学校型"；类型2是一边看着投影仪和白板，一边开会的"U字形"；类型3是可以环视到全体与会成员的"口字形"。

至于会议主持人，类型1由领导本人担任，类型2由经验丰富、工作能力强的老将担任，类型3由全体团队成员轮流担任。我想这样安排恐怕最为妥当。当然，这些都可以根据团队成员构成和领导本人的想法来变动。

有关会议时间的分配，每隔一个月召开一次的报告会议：领导开场致辞3分钟，业务员进行业务报告每人1分钟，提问解答10分钟，总务的联络事宜3分钟。像这样预先决定会议时间安排很有必要。

这种安排可以在会议刚开始的时候口头说一下，或是写在白板上，全体与会人员就会了然于心，各抒己见。这样，冗长拖拉、耗费时间的会议就会变得干脆利落，从而提高效率。

有必要考虑到这样的程度，连细枝末节也仔细安排吗？也许有人会这样想吧。但是，只要你尝试过分解会议，将会议的各部分具体化，就会知道，这种作为达成目标的手段的会议，不会再像以往的会议一样是无用功，而是能够富有成效地提高实施效率。

试着将现有会议分解

		内容	频率	备注
1.上意下达型	星期三的例会（指示命令）	指示命令	偶尔	
	早会	主要是指示命令	每天	
2.自下而上型	星期三的例会（报告）	下属的报告	每周1次	因为是同样的内容，所以有必要整理
	一个月召开两次的营业会议	同上	每月2次	
3.全员参与型	头脑风暴	策划会议	每年2~3次	也许应该再增加听取全体团队成员意见的机会……

分解现有会议，削减无用的会议时间吧！

43 类型1 上意下达型会议的要点

这一类型的会议,是作为领导的你对团队成员说明想法和战略方针,对下属下达指示,希望下属采取某项行动、联络事情、决定事情的会议,目的在于向下属进行表达。

在这样的会议中,无论是何种情况,都应该尽力避免使用抽象的表述和意思不明确的语言。详细具体地表达出来才是不二法则。

因为使"下属按照领导的期望来采取行动"是最终目的,所以指示命令的内容必须以具体的形式表现出来。

由于召开这样的会议是一次难得的机会,或许你想趁此就很多方面下达指示命令的内容,但是建议你在一次会议上只表达3个以内的要点。因为一次性表达出4个以上的要点,下属听进去,消化吸收的程度将会极其低下,所以请务必将要点控制在3个以内。

"今天,我将就A、B、C这三点向大家说明一下情况。"像这样在最开始的时候使会议大纲明朗化,让每位团队成员预先在各自的头脑中形成3个框架,于是就能够仔细倾听并接收你接下来要说的内容,与各自头脑中的框架一一对应。

这对于加深倾听者对你话语的理解，十分有效。

在这种类型的会议上，身为发言者、表达人的领导，有必要做好充分的会前准备。

想到什么说什么，拖拖拉拉地发言，倾听的一方会想："归根结底，他到底想表达些什么呢？"因此，将要点归纳总结，记录在案是必须的。有关指示命令，也千万要落实到具体的行动上，才能达到会议召开的预期目的。

这种上意下达型的会议中，如果有指示命令和部下报告在同时进行的情况，我建议在开会期间穿插短时间的休息。这样做，对团队成员们而言，有助于他们明确区分"接收信息的时间"和"领导发言的时间"，可以帮助他们完成思维切换。

44 类型2 自下而上型会议的要点

召开自下而上型的会议，可以知道下属业务进展状况，确认给出的指示命令下属是否实行，推敲高层规划的战略方针与工作第一线的状况和需要是否吻合等。召开这一类型的会议其"目的"包含众多重要的要素。

这一类型的会议，最大的缺陷在于，仅仅让下属向自己报告情况，而领导自己却什么都不给予反馈。

由于人类的行为原理认为"下属的行为，如果可以给他带来好处，那么接下来下属就会自发地反复进行这种行为"，所以必须对下属的"报告"行为给予适当的好处。

如果报告内容是按照既定目标做出的"理想行为"，要对下属予以表扬。如果下属上报了有意义的信息，就对这项报告认真地予以评价。

当下属上报了"没做成"、"失败了"这样的负面信息，认可对方积极"报告"这一行为。不分青红皂白，将下属怒骂一通是没有任何帮助的。反而会导致这名下属今后减少"报告行为"。

首先，在认可的基础上，下属想完成的事情和现实间的差距将如何弥补，领导应该给予建议。因为接受建议对下属而言是一种好处，所以"报告行为"就能够被"强化"。

如果很难在开会的时候马上提出建议，之后再找寻机会对当事人提出建议也是可行的，但是完全不反馈是绝对不可取的。

顺便一提，如果是"领导已经掌握了下属的信息"的情况，就不用特意召开会议，召开个别的短会就足够了。那么为什么需要全体团队成员汇聚一堂报告事情呢？

因为这样做，最大的收获就是共享成功事例。也就是说，优秀的人才和"能够完成理想行为的人"实践得出的技术和诀窍，能够在全体团队成员中共享、获益。

因此，在当事人的报告缺乏具体性的情况之下，你可以这样询问对方，"你认为成功完成此事的要点在于什么？""你写策划书参考的是什么资料？"

还有，正是因为以会议的形式相互报告，所以听了别人的报告之后，也会想起"啊，如此说来，我的客户也说过这样的话"诸如此类的启发。因此，"刚刚我忘了说了，也有人表达了这些想法"，像这样维持能够流畅发言的气氛也是相当重要的。

领导净是指出下属的缺点，会议室中充满了剑拔弩张的紧张气氛，就会错过下属的重要报告和信息。

召开类型2的会议有必要做好事先准备，也就是作报告的全体团队成员要在会前准备充分。

领导在事前，则要将需要的报告内容具体地对下属进行说明。是否能够做到这一点，将极大地左右"报告的准确度和质量"。

45 类型3　全员参与型会议的要点

"一起发挥智慧，商讨解决问题的方法"，"思考新计划"，"决定团队发展方向"，这种全员参与型会议的难点主要有以下两个。

一是花费时间却得不出结论，二是团队成员们都不发言。

花费了时间却得不出结论，大部分情况下，原因在于与会者没有清楚明确地把握会议的目的和要达成的最终目标。因此，如同在森林中迷路一般，云里雾里地讲话，或是出现有人提出的意见是基于失误的预测这一类的情况……

因此，要将会议的定位和想要达成的目标，以全体团队成员都能够理解的方式具体表现出来，对于数次交给别人去办的事情，要设定具体的截止期限，这些内容在会议的开始阶段就明确表示出来。

也可以使用白板等工具，时刻提醒全体团队成员。

对于这种类型的会议，应该主要着眼于如何让团队成员提出更多的意见和想法。

因此，对于下属的发言，像"这样的方案是行不通的"、"你真的认真考虑了吗"这样否定的话语是绝对不行的。总而言之，让团队成员踊跃地发言才是召开全员参与型会议的目的所在。

"不管是谁发言了，大家都得鼓掌啊！""任务定额是至少每人提出两个以上的想法。""这次我想听听年轻人的意见，老手们发言可以节制一下。"像这样，将期待的行为下达成具体的指示，也是富有成效的做法。

如果委托团队成员担任会议主持人的话，或许提前就以上这些内容跟会议主持人打个招呼比较好。

如前所述，因为踊跃交换意见比什么都重要，所以关于会议前半部分的信息共享，需要考虑一下以邮件和文件的形式分发资料，让大家事先过目。这样一来，会议开始就马上能够进行意见交换。

当然，也存在需要单独设置信息共享的会议。这些都由身为领导的你来划分。

最后想说的话 | 能自我管理的人，才是真正的领导

在这里，我就领导的自我管理这一话题来讲一讲。

未来我们将要面临的是国内市场不断缩小、全球化竞争越来越严酷的环境。尤其是身为公司领导，只有自己努力，不断提高能力，让自己成长起来，才能在激烈的竞争中存活。

因此重要的是自我管理。

首当其冲的是饮食、睡眠和运动这些身体管理。

健康是十分重要的自我管理。接下来是掌握英语能力和计算机技术，以及（不会使用PPT做资料是不行的）以商务书籍为首，通过读书来学习。

然后，对领导来说，重要的是时间管理。

如果不懂时间管理，就成不了真正的领导。"太忙了，没有时间顾上自己的事情"，这不过是借口罢了。

这样坚持自我管理，最大的要点是，如何创造一种不依赖"干劲"的方法。

这就需要以具体的"行为"这一形式来确立目标，计量行为的次数、精准地评价施行的行为，这种"行为科学管理"是富有成效的手段。

就我本人而言，健康管理方面，我使用Jawbone公司生产的名为"UP智能手环"的生命测量器，它能够将每天的生活以数字数据的形式记录、保存下来。

这种穿戴设备能够与iPhone应用程序联动，记录你的睡眠、运动和饮食情况。每天戴在手腕上，睡眠时间是几小时，在这几个小时中深层睡眠和浅层睡眠分别是多长时间，一天之中走了几步路，这些数据都可以自动记录下来，因此不存在"太麻烦了，坚持不下去"的情况（吃了些什么可以用iPhone拍下来保留记录）。

就像我在本书中介绍说明的，要想增加并持续某种行为，计量（记录次数）格外重要。这也是行为科学管理的要点。

例如，就像在职场中进行沟通那样，记录下沟通的次数，当意识到"啊，和A君说话不多呢！"自然而然就会有意识地增加和A君说话的次数。

自我管理也是同样的。如果知道了"今天到目前为止只走了4000步"这一情况，就会想着"好吧，再多走走吧！"积极地运动起来。

总而言之，就是计量并保存记录。只是，记录的方法很麻烦的话，就难以坚持下去，所以我推荐，使用便利的仪器和智能手机上的应用程序。

进行自我管理一定会提高你的领导能力。

之前没能坚持做的事情，我相信，你会以本书为契机开始实行。

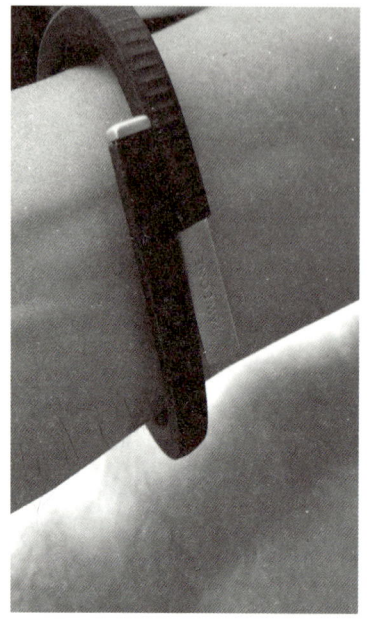 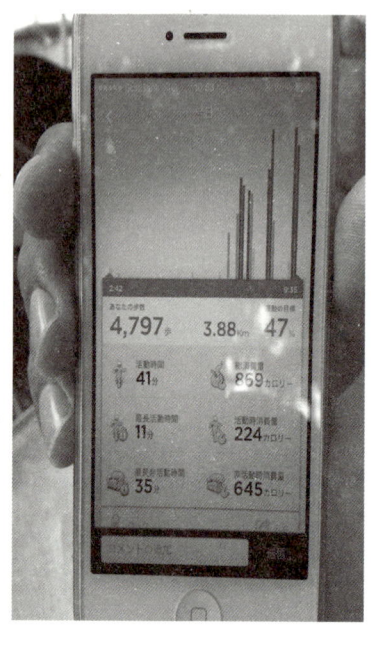

我正在使用的生命测量器,因为可以和iPhone联动,所以使用起来很方便

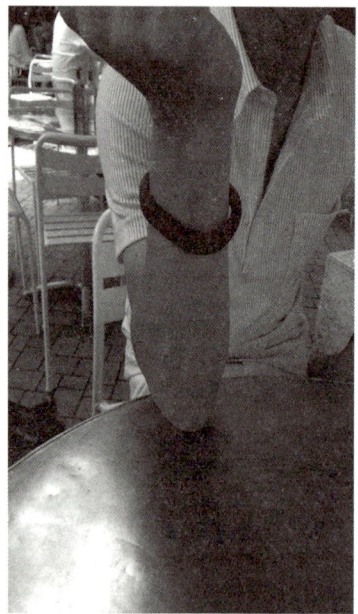

结　语

"跟他打招呼，可是却被无视了。我是不是被他讨厌了呢？"

"那名下属不听我的话。他肯定小看我了。"

像上述情况那样,你是否有着关于和下属关系的各种想法和烦恼呢？

但是，其实下属并没有无视你，只不过是碰巧没有听到你跟他打招呼而已，这种情况几乎都是误会和自寻苦恼。

经常将事情往坏的方面思考的人，大部分都有着"无意识的思考习惯"。心理学界将此称为"认知歪曲"，心理学家大卫·伯恩斯（David D. Burns）将此分类为10种模式。如果你经常忧心忡忡地思考事情，请检查自己的思考方式出现了怎样的"歪曲"。

确认之后，首先增加沟通的次数。这样，你就会明白，"有可能被讨厌了。""是被小看了吗？"这些烦恼，实际上是"仅仅看起来是这样的"。

就在几天前，一场以企业高层领导为对象的研讨会上，我提出了"计量在一个月时间内你和下属说话的次数"这一任务。某位高层领导对我说："我有一名下属，我觉得他傲慢自大，一直和他相处不好，可是为了计量任务，我增加了和他说话的次数，这才了解到他是个人品不错的人。要是我能在更早的时候就跟他多沟通该多好啊！"这样的案例不在少数。

■ "认知歪曲"检查思考方式的10种模式

1	非黑即白的思考	
	将事情以"黑白"、"对错"的形式来思考	
2	过分一般化	
	发生了一件不好的事情,就会认为所有事情都变成一样的结果	
3	心灵过滤器	
	净是看到些不好的事情	
4	负面思考	
	将无所谓的事情和好事情想成不好的事情	
5	结论跳跃	
	将对自己的反应过度朝坏的方面解释,或是深信事态必定会恶化	
6	夸大短处和减少正面评价	
	将短处和失败夸张化,减少对长处和成果的评价	
7	情绪化地决定	
	将自己感受的事物想成是真实存在的	
8	假设思考	
	做事的时候,经常想"某某应该是这样",把自己逼到绝境	
9	贴标签	
	失败的时候,对自己贴上否定的标签	
10	个人化	
	一旦发生了不好的事情,即使自己没有责任,也认为是自己的过错	

* 有关这10种模式的详细解说,可以参考大卫·伯恩斯的著作,也可以在网上检索阅读。

在本书里，我们提到领导和下属一同朝着目标迈进的时候，"信任"是非常重要的。

彼得·费迪南·德鲁克（Peter Ferdinand Drucker）在《未来企业》（钻石出版社）一书中有以下记述。

"信任，不等于喜欢领导，也不是经常赞同领导，而是确信领导所说的话是真实的。这是一种对以往事物的真挚的信心。"

重要的是"真挚"。"下属应该主动对上司搭话"这种想法是荒谬的。

你要自己主动打招呼，自己主动搭话。创造和下属个人面谈的时间。邀请下属共进午餐……请从简单的沟通开始。

以这本书为契机，我认为，首先采取"行动"，能够提升你作为上司的能力。这一定会使团队以及你自身更加富有活力。

我衷心地祝愿你能够感受到培育人才的喜悦和充实感。

本书尾声，和前一本《带人的技术》一样，值此书出版之际，感谢协助完成本书的木村美幸女士，和为本书竭尽心力的谷内志保先生。

以及，对期望下属和后辈能够成长、团队能够更具活力而购买本书的读者们，借此场合，我对你们表示深深的谢意。

石田　淳

2014年7月

出版后记

没有办法改变别人的态度和个性，但是你可以改变他们的行为。作者根据行为科学理论写作的《带人的技术：不懂带人你就自己做到死》广受读者好评，从去年9月第一次出版至今，已经历了6次印刷。如今，作者又带来了他的另一部作品，作为《带人的技术》续篇，专门为读者解决带领团队会遇到的难题。结合《带人的技术》一书，让管理者培养得力干将的同时，也能够培养一个高能力高水准高效率的团队。

书中介绍的方法仍然以小节的形式呈现，共45个小节，每一小节就是一个小贴士，教你怎样成为一个被下属信赖的上司，怎样和下属进行沟通，怎样下达团队任务，怎样塑造团队氛围、提高团队活力，怎样召开会议最有效率。如同作者所倡导的行为科学一样，每一小节介绍的带人技术虽然有限，却让人印象深刻，有助于读者记忆和强化重点，让人很容易就能学会和运用。

在团队篇中，作者连线了上一本《带人的技术》，在相应的章节提示了可以参照的带人技术，让领导团队和领导下属相互呼应，让管理者能够更加得心应手，高效地处理与下属和团队成员的关系。

商业世界激烈的竞争，不再是一个"超人"就能应付，企业需要能够无间合作的高效率团队，更需要能够管理团队的中层领导。运用本书的指导方法，管理者一定能迅速提高团队管理能力，让平庸的团队也能做出一流的业绩。

服务热线：133-6631-2326　188-1142-1266

服务信箱：reader@hinabook.com

后浪出版公司

2015年11月

图书在版编目（CIP）数据

带人的技术．团队篇：不懂带人你就自己做到死／（日）石田淳著；李江英译．— 厦门：鹭江出版社，2016.6（2016.6 重印）

ISBN 978-7-5459-1124-4

Ⅰ．①带… Ⅱ．①石… ②李… Ⅲ．①企业领导学 Ⅳ．① F272.91

中国版本图书馆 CIP 数据核字 (2016) 第 058358 号

著作权合同登记号
图字：13-2016-017

OSHIERU GIJUTSU TEAM HEN
© JUN ISHIDA 2014
Originally published in Japan in 2014 by KANKI PUBLISHING INC.
Chinese translation rights arranged through TOHAN CORPORATION, TOKYO.
and Future View Technology Ltd.

本书简体中文版由后浪出版咨询（北京）有限责任公司出版发行。

DAIREN DE JISHU TUANDUI PIAN

带人的技术（团队篇）：不懂带人你就自己做到死

[日] 石田淳 著
李江英 译

出版发行：	海峡出版发行集团	
	鹭 江 出 版 社	
地　　址：	厦门市湖明路 22 号	邮政编码：361004
印　　刷：	北京京都六环印刷厂	
地　　址：	北京市通州区永顺镇刘李路	邮政编码：101101
开　　本：	690mm×960mm　1/16	
插　　页：	3	
印　　张：	10	
字　　数：	104 千字	
版　　次：	2016 年 6 月第 1 版　2016 年 6 月第 2 次印刷	
书　　号：	ISBN 978-7-5459-1124-4	
定　　价：	36.00 元	

后浪出版咨询（北京）有限责任公司常年法律顾问：北京大成律师事务所 周天晖 copyright@hinabook.com
未经许可，不得以任何方式复制或抄袭本书部分或全部内容
版权所有，侵权必究

本书若有质量问题，请与本公司图书销售中心联系调换。电话：010-64010019